LATTE ART BASIC
라테아트 베이직

LATTE ART BASIC

라테아트 베이직

커피아저씨 **김재근** 감수
커피중대장 **정연호** 지음

교문사

추천사

세상을 살아가는 다양한 모습의 즐거움 중에서, 한 잔의 커피를 마주한다는 것은 그 자체부터가 기쁨이고 행복한 일입니다. 업무적으로 만나는 서먹한 자리에서 또는 처음 누군가를 만나는 데이트에서도 커피 한 잔은 서로에게 의미가 되어 줍니다. 낯선 사람과 대화를 나누면서 세상에서 이렇게 만나게 된 인연에 대해 감사하고, 서로가 친구가 되는 소중한 매체가 되기도 합니다.

사실, 커피는 아주 오래전부터 늘 우리 곁에서 문학과 예술의 연인과 같은 존재였습니다. 또한 현실적으론 더 가까이에서 우리들 누구에게나 집에서 혼자서도, 학교나 직장의 어느 근처 카페에서도 좋은 음악과 함께 우리 삶의 고독을 치료해 주고, 여유를 가져다주는 진실로 따뜻한 친구이기도 한 것입니다.

신혼부부의 혼수품 대열에 가정용 에스프레소 기계가 필수품이 될 정도로 가정에서도 늘 가까이서 즐기고 싶은 최고의 음료로 원두커피가 자리를 잡았습니다. 이렇게 우리들의 생활 속에서 너무나 낭만적인 커피가, 요즘은 생활의 중요한 소통 문화로서 뿐만 아니라 상업적인 수단이 되어 크게 성장을 하고 있습니다. 사회적으로는, 각종 교육 기관에서도 취미 교육 과정에서 어느덧 커피 교육의 열기와 수요가 크게 증가했으며, 이로 인해서 자영업 창업으로 커피가 1순위가 되어 있습니다.

세상이 이러하니 근간에 수많은 커피 책들이 다양한 주제로 서점가에 나와서 독자들의 사랑을 받고 있고, 이런 시점에 라테아트에 대한 일반 독자들의 관심이 높아지며 대학교나 기타 교육기관에서의 강의에 쓰일 주제별, 단계별 실용서가 필요하게 되었습니다.

이런 필요성 앞에, 커피에 대한 진정한 열정과 순수한 애정 그리고 노력에 의한 완벽한 기술을 바탕으로 그간 수많은 바리스타들을 교육해 온–이미

세상에 커피중대장으로 블로그를 통해서 잘 알려진-정연호 선생님의 《라테아트 베이직》이라는 책이 나오게 되어 적극적으로 자신 있게 추천을 합니다.

이 책은 대학이나 학원에서 강의용으로 적합하게 15주 기준 12강으로 라테아트의 기초 푸어링과 에칭이 주제별로 구성되어 있습니다.

이 책의 장점은, 특히 각 장의 주제별 시연자들이 모두 현 업계의 유명 바리스타와 카페의 사장님 그리고 아카데미와 대학교의 선생님들이며, 그들이 자신이 맡은 디자인들을 직접 시연하였고 이를 저자가 충분한 설명 등으로 보완하여, 일반 독자들 개개인들도 이 책을 통해서 라테아트를 보다 쉽게 연습하고 익힐 수 있도록 되어 있습니다. 더욱이 이 책의 독자 여러분은 이 책으로 공부를 하면서 시연자들을 직접 찾아다닌다면 좋아하는 커피에 새로운 인연도 덤으로 얻을 수 있는 기회가 될 것입니다.

또한 독자들뿐만 아니라, 라테아트를 교육해야 하는 대학이나 학원 선생님들에게도 교재로서 사용하기에 손색이 없을 것입니다.

한 잔의 커피 위에서 따뜻한 향기와 더불어 바리스타가 전하는 아름다운 커피의 사랑표현인 라테아트의 즐거운 기술을 익힐 수 있도록 오랜 시간을 노력한 저자에게 진심으로 축하를 전하며, 이 책에 뒤이어 출간될 《라테아트 완성 편》도 벌써 기대가 됩니다.

커피아저씨 / 백석예술대학교
김재근 교수

p r e f a c e

머리말

커피가 어려울까요?

물론 커피는 문화, 과학, 수학, 예술일 수도 있지만 우리가 마시는 음료입니다. 학문적으로 분석하고 들어간다면 어려울 수도 있지만 커피를 하면서 가장 어려운 건 정작 커피가 아닌 사람인 것 같습니다. 결국, 커피를 어렵게 만드는 건 사람이라고 볼 수도 있겠죠. 하지만 가장 중요한 건 맛있는 한 잔의 커피를 만들 수 있으면 되는 게 아닐까요? 그 대상이 자신 혹은 가족, 지인, 때로는 무대 위의 심사위원이나 교육 관련 기관일 수도 있고, 매장을 찾는 고객일 수도 있는데, 각각의 다양한 입맛과 취향에 맞추어 줄 수 있느냐에 따라서 실력의 기준이 정해지는 것 같습니다.

라테아트 책을 펴내면서 라테아트가 좋아서 커피를 시작하게 된 바리스타들에게는 미안하지만 개인적으로는 라테아트를 하지 않기 위해 시작하게 되었음을 고백합니다.

커피에 대해 독학을 하면서 향미가 최우선이 되어야 할 커피에 외형적인 부분에 치중하다보면 시간과 온도의 변화가 생겨 오히려 마이너스 요인이 된다고 생각한 시절이 있었고, 할 필요가 없다는 것을 반증하기 위해서는 스스로도 제대로 할 줄 알아야 당당하게 반론을 제기할 수 있다는 입장에서 시작하게 되었습니다.

좋아하는 사람의 눈에 단점이 잘 보이지 않는 것처럼 반감을 가지고 시작한 입장이어서 단점을 찾으려고 시도하다 보니 분석하게 되고, 더 많은 부분들을 볼 수 있게 된 것 같습니다. 그래서 내려진 결론은, "해야 한다." 입니다.

커피의 다양성… 배울 필요가 없는 분야는 없다는 것입니다.

라테아트… 커피가 음식이자 음료이기 때문에 후각 · 미각 · 시각 · 청각적

감각이 시간과 온도와의 상관관계에서 조화를 이루는 게 좋다고 생각합니다.

라테아트는 누구나 다 할 수 있습니다. 하지만 커피의 다른 분야들처럼 변수가 많습니다. 커피 본연을 알아야 하고, 메커니즘의 이해, 분쇄 · 추출 · 스티밍과 전반적인 기초의 이해가 없는 커피라면 가장 기본이 되어야 할 커피의 향미를 배제한 보여 주기식 아트일 뿐입니다.

경험과 감각적인 부분이 중요한 만큼 기초가 확실히 다져진 상태에서 원리의 이해가 습득된 상태의 바리스타가 되어서 고객에게 드리는 향미가 살아 있으면서, 감동의 서비스까지 줄 수 있는 라테아트를 하려면 시간과 비용의 투자, 노력이 필요합니다.

라테아트를 전문적으로 지도받아본 적은 없습니다. 하지만 그 동안 노력했던 수많은 시간과 앞을 가로막는 벽을 깨기 위한 연습, 영감과 도움을 준 바리스타들의 나눔이 있었기에 지금 이 순간에도 성장을 거듭해가면서 노하우를 하나하나 축적해 나가고 있습니다.

양날의 검이 될 수도 있는 책을 펴내기엔 많이 이른 감이 있는 게 사실이지만 보다 즐거운 커피를 하려면 같이 나눌 수 있는 사람들이 많아야 하지 않겠냐는 말씀과 독려를 해주신 커피 인생의 스승이신 김재근 교수님과 커피마리오 가족, 놀이를 함께 해준 바리스타 한 분 한 분들, 자나깨나 걱정과 사랑, 기도로 응원을 해주시는 어머니와 동생에게 감사를 드리면서, 커피가 좋아서 배움을 시작하고 관심이 있는 분들에게 라테아트 분야에서 이 책이 조금이나마 도움이 되었으면 하는 입장에서 스팀피처 대신에 자판을 두드려 봅니다.

2012년 8월 행주산성 커피아저씨에서

커피중대장 정연호

C o n t e n t s

차례

Chapter 02 | 라테아트의 단계

Chapter 03 | 소스 에칭

Chapter 04 | 폼 에칭

Chapter 05 | 컨버스 에칭

Chapter 06 | 크로키 에칭

Chapter 07 | 기초 푸어링과 하트 스타일

Chapter 08 | 로제타

Chapter 09 | 웨이브 & 토네이도

Chapter 10 | 하트 & 로제타 콤비네이션

Chapter 11 | 로테이션

Chapter 12 | 드래그

01

라테아트의 이해

라테아트도 커피의 다른 분야들과 마찬가지로 누구나 혼자서도 배워나갈 수 있다. 하지만 빠른 진도와 체득화를 위해서 기본적인 이론과 기술에 대한 이해가 우선시된다면 보다 빠른 습득이 가능하다.

01 Latte Art basic
라테아트의 이해

라테아트란

간단히 말하자면 우유로 표현하는 예술 활동이라고 할 수 있다.

좀 더 자세히 설명하면 커피의 향미를 살리면서 우유를 가지고 음료를 디자인해서 감동까지 전해 줄 수 있는 창조적이면서도 예술적인 서비스가 바로 라테아트이다.

커피는 시대가 발전함에 따라서 변화하는 흐름이 있다. 지금까지도 대중적인 편리함으로 인해 여전히 강세를 보이는 인스턴트 커피가 있는 반면, 시대의 흐름에 따라 도태된 향 커피, 자리를 잡으면서 성장해 나가는 유럽과 미국식 커피 속에서 커피는 어느덧 우리에게도 문화로 자리 잡았다.

머신이 만들어지면서 이를 활용하여 전문적으로 에스프레소를 추출하기 위한 바리스타가 생기고, 커피시장의 성장에 따라 커피전문점들의 확대, 바리스타의 기술적인 성장이 병행되면서 소비 성향도 점차 고급화되어 가고 있다.

보다 적은 양의 커피를 가지고 빠르게 많이 뽑는 게 우선이 아닌 맛있는 커피, 차별화된 커피와 콘셉트가 아니면 무한경쟁 속에서 살아남기 어려운 커피현실 속에서 아직도 많이 어렵지만 바리스타에 대한 인식이 상향된 것도 사실이다.

바리스타의 역량을 보여 줄 수 있는 여러 무대가 생겼지만, 그 무대에 설 수 있는 바리스타는 많지 않다. 커피 관련 인증서도 많이 있지만 그 인증서가 바리스타로서의 실력을 현장에서 인증해 줄 수는 없다.

커피는 향을 느껴보고 마시지 않는다면 보여 줄 수 있는 분야가 많지 않다. 그런 가운데 눈으로 확실하게 보여 줄 수 있고 소비자에게 보다 가까이 다가갈 수 있는 기술이 라테아트이기 때문에 바리스타들은 자신을 알릴 수 있는 기술 중에 하나인 라테아트에 시간과 비용, 노력을 투자하고 있다.

물론 눈에 보이는 것들이 전부는 아니다. 하지만 다양한 커피 문화의 흐름 속에서 커피를 살리면서 우유의 부드러움에, 달콤함과 고소함까지 더하여 디자인적 요소까지 포함한 감동의 서비스를 줄 수 있는 라테아트도 커피인에게 필요한 분야임은 확실하다.

라테아트의 요소

이상적인 라테아트의 10요소는 다음과 같다.

- 커핑(cupping) : 에스프레소 맛 평가의 기준점을 잡는다.
- 로스팅(roasting) : 생두의 향미를 살린다.
- 블렌딩(blending) : 표현하고자 하는 맛을 구현한다.
- 에이징(ageing) : 이상적인 추출을 위한 원두의 상태를 만든다.
- 머신(machine) : 사용하고자 하는 머신의 메커니즘을 안다.
- 그라인딩(grinding) : 그라인더의 특성과 입자의 조절을 맞춘다.
- 추출(extraction) : 에스프레소의 추출에 대해 이해한다.
- 스티밍(steaming) : 우유에 대해 이해한다.
- 핸들링(handling) : 디자인을 위한 기술을 습득한다.
- 서비스(service) : 한 잔의 커피로 감동까지 서비스한다.

라테아트의 10요소

1. 커핑
2. 로스팅
3. 블렌딩
4. 에이징
5. 머신
6. 그라인딩
7. 익스트랙션(추출)
8. 스티밍
9. 핸들링
10. 서비스

머신의 이해

바리스타는 사용하는 머신(machine, mechanism)에 대해서 확실한 이해가 필요하다.

머신이 만들어진 초창기 배경이 효율적인 노동력의 활용, 보다 적은 양의 커피를 가지고, 보다 빠르게 많은 추출을 하기 위해서였다면, 시대의 흐름에 따라 이제는 맛있는 한 잔의 커피를 추출하기 위한 머신들이 많아지면서 그에 따라 다양한 기능에 따른 추출의 변수가 생기게 되었다.

예를 들면, 챔버, 지글러, 인퓨전, 프리 인퓨전, SIS, PID, 디지존 컨트롤, 단계별 프로그래밍, 보일러의 형태 등 사용하는 머신의 장 · 단점을 알고 분석해서 제대로 사용하는 것은 바리스타의 기본이다.

개인적으로는 독립, 듀얼 보일러식의 커피머신을 좋아하지만, 어떤 스타일의 머신이든지 하나 정도만 제대로 사용할 줄 안다면 다른 머신에 대한 이해도가 높아진다고 볼 수 있다.

여기에서는 라심발리 M39(LACIMBALI M39) 머신에 대해 간단히 설명해 보고자 한다.

머신의 외형과 스팀 관련 부분

M39 GT 도사트론 터보스팀의 제원*

구 분	DT/2	DT/3
너비(mm)	855	1,055
깊이(mm)	570	570
높이(mm)	565	565
파워(380-415V3N~50/60Hz9W)	6,000~7,100	6,600~7,900

DT/2-Steam wands(2+Turbosteam), Hot water wand(1), Hot water selections(2), Boiler capacity(litres-10), Smart Boiler Technology, Independent coffee boilers, Independent coffee boiler capacity(400cc), Coffee boiler resistor(800W), Front panel, Graphic display

*제원 : 기계류의 치수나 무게 등의 성능과 특성을 나타낸 수치

세팅방법

머신의 세팅(setting)방법은 매뉴얼을 확인하고 적용하는 게 제일 좋은 방법이다.

추가적으로 GT의 터보스팀 조절방법은 스팀 공기주입량 조절기 및 조정장치의 육각볼트를 풀고 위쪽의 에어조절기를 풀거나 조여서 세팅을 한 후 고정 볼트를 조여주면 된다(풀수록 스팀의 주입 양이 많아짐에 따라 밀크 폼이 두꺼워지는데, 스티밍 온도의 종료시점에 맞춰서 세팅해야 적정 포인트가 된다).

아무쪼록, 머신의 특성을 잘 파악해서 더 잘 활용하고, 고급 기종의 머신을 알고도 사용하지 못하는 우를 범하지 않기를 바란다.

머신의 압력과 터보 스팀 조정장치

Tip 스티밍을 위한 보일러 형태에 따른 특징

양질의 스티밍을 위해서는 스팀 보일러 특징의 이해도 필요하다.

1. 일체형 보일러 타입

보일러 기능이 스팀 기능을 하면서 추출수도 히팅하는 방식으로 스팀 압과 추출수의 온도가 비례한다.

- 스팀의 압력을 조절 범위 내에서 무한정으로 올릴 수 없다.
- 스팀만을 고려하여 조절하기보다는 커피 추출과 연관하여 적정 스팀압력을 세팅하는 것이 바람직하다.

2. 독립형 보일러 타입

스팀과 추출 보일러가 별도로 제어 가능한 방식이다.

- 독립형 보일러는 추출 보일러와 별도로 스팀 보일러가 존재하므로 독립적인 설정이 가능하다.
- 주의사항 : 스팀 압력이 올라갈수록 스팀의 온도도 상승한다.

추출의 기초

에스프레소 추출(extraction)을 이해하려면 기본적으로 알아야 할 것들이 많이 있다. 바리스타라면 당연히 알고 있는 4M(블렌딩, 그라인딩, 머신, 사람)이다.

이 요소들은 커피를 플러스(+)시킨다기보다는 마이너스(−)시키는 요소로 보고 접근하는 방식이 이해가 편하다.

로스팅의 완성도가 높은 원두를 100이라고 봤을 때, 에스프레소의 추출에 문제가 있다면 이 4가지 요소가 마이너스를 일으킨다고 생각하고 하나하나 되돌아보면서 추출을 잡아 나가는 게 효율적이기 때문이다.

에스프레소의 추출 기준점은 여러 기관이나 유명 바리스타, 매장에 따라 천차만별로 다르다.

로스팅의 정도, 블렌딩, 원두의 숙성, 머신의 메커니즘적인 요소, 포타필터의 종류, 분쇄도, 담는 커피의 g, 태핑과 탬핑의 강도 유무, 추출 온도, 추출 시간, 추출 양, 추출 외형 등 수많은 변수가 있다.

중요한 건 결과물의 향미가 말해 주고 다양한 고객층의 입맛에 맞는 추출이 되어야겠지만, 바리스타의 테크니컬적인 요소를 보기 위한 기본 방법은 다음과 같다.

추출의 기본 방법

1. 분쇄도의 조절 상태 확인하기
2. 포타필터의 건조와 청결 유지하기
3. 커피를 균형 있게 담기
4. 표면 고르기(레벨링)로 양 조절하기
5. 포타필터 가장 자리 청소(넉 박스 위에서) 하기
6. 태핑과 탬핑하기
7. 열수 흘려주기
8. 포타필터 장착하기
9. 추출하기
10. 추출하고자 하는 범위 내에서 추출 완료 하기

스티밍의 기초

용어의 뜻 그대로 스티밍(steaming)은 우유에 뜨거운 스팀을 불어넣어 주는 일련의 과정이다. 우유는 커피와 잘 어울려서 부드러움과 달콤함에 고소함까지 부가시켜 주므로 다양한 메뉴를 낼 수 있는 재료 중 하나이다.

우유의 특성상 온도의 한계범위가 존재한다. 온도가 상승(~75℃)함에 따라 아미노산과 단백질의 분리현상이 일어나면서 외형적으로 막이 생기기도 하고, 비린내와 같은 가열취가 생기며, 시간이 길어질수록 주입되는 스팀의 양이 많아져 맛도 흐릿해지는 현상이 일어날 수 있고 그에 따라 폼의 두께도 변화가 생기게 된다.

기본적인 스팀밀크의 온도 대는 55~65℃가 적당하다고 하지만, 사람의 취향과 입맛에 따라 메뉴의 온도가 높은 상태를 원하는 경우도 있다. 모든 사람의 입맛을 다 맞출 수 있도록 노력해야 하는 바리스타란 정말 힘든 자리이다. 고객의 기분을 상하게 하지 않으면서 적당한 스티밍의 온도를 맞추는 방법은 주문을 받을 때 온도의 정도를 물어보거나, 온도가 너무 높을 경우에 우유의 변화를 설명해 주거나, 메뉴판에 적어두는 수고로움 정도일 것이라 생각한다. 이런 점들이 바리스타의 몫이라 할 수 있다.

스티밍의 다양한 변수를 보자면 머신의 압력, 스팀노즐의 각도와 길이, 팁의 분사 각과 분출구의 수, 노즐의 위치, 스팀피처의 종류, 바리스타 등 많은 부분이 있지만, 기본적인 단계를 살펴보면 다음과 같다.

스티밍의 기본 단계

1. 스팀피처에 우유 따르기
2. 필요한 양만큼 따르기(바리스타 2급 기본잔 두 잔용)
3. 사용 전 스팀 분출하기(고여 있는 물을 분출시켜 우유에 들어가지 않게)
4. 스팀 팁의 절반 정도에 우유 걸치게 하기
5. 스팀노즐을 접점에 따라 적당히 위치시키고 초반 스팀 주입하기

6~7. 중반 회전하기(스팀피처의 위치가 내려가면 스팀이 주입되어 폼이 두꺼워지고 스팀피처를 올려주면 온도가 상승)

8. 스팀 분출, 스팀노즐 닦아주기
9. 적당한 스팀밀크 분배하기
10. 마무리하기

Tip 스티밍의 기술

피처 다루기

기본 피처의 경우 로드의 1/2, 치직소리가 나게, 쇠 소리는 안 나게 손을 떼었다 붙였다 한다.

눈으로 폼의 상태를 본다.

귀로 스팀의 주입 소리를 듣는다.

손으로 온도를 체크한다.

기본 6온스(oz) 잔의 경우는 로드 높이가 1/2일 경우 분배 후에도 양이 충분하다.

스팀의 주입소리가 쉐~하고 날 경우 스팀피처와 가깝게 있어 스팀의 주입이 잘 안 되거나 넘칠 수 있으므로 위치를 변경한다(스팀피처의 중앙 부분으로 이동).

스마트 피처, 터보스팀의 활용이 어려운 경우 온도를 손바닥(체온)으로 확인한다.

온도에 둔감해지지 않도록 체온과 비슷해지면 붙였다 떼었다를 반복한다.

정확한 스팀 온도 확인하기

정확한 온도 파악을 위해서 터보스팀이나 온도계로 스팀의 온도 대를 확인한 후 활용한다.

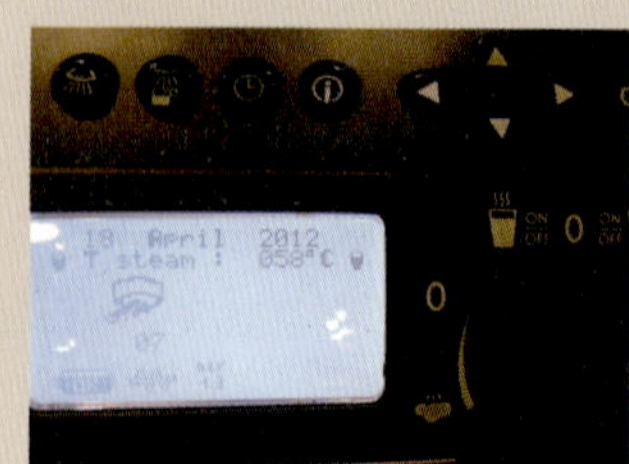

시연 : 바리스타 조혜영

스팀피처의 종류

일사, 비알레티, 칼리타, 카페렛, 모타, HOMART, TIAMO 등 현재 출시되어 있거나 개인적으로 튜닝한 다양한 종류의 스팀피처는 두께와 바닥의 모양, 몸체의 굴곡과 피처 주둥이의 형태, 크기에 따라서 그 활용도가 달라진다.

가장 중요한 건 자신의 취향과 사용 목적에 적합한 피처를 선정해서 능숙하게 사용하는 것이다.

다양한 스팀피처의 종류와 형태

기본 스티밍 : 스팀피처의 접점

스팀파이프의 길이와 각도, 스팀피처에 담은 우유의 양에 따라 상이하지만 보통 10~11시, 12시, 1~2시 방향으로 스팀피처 주입구를 위치시키고 스팀 팁을 스팀피처의 일정 부분에 위치하게 해서 벽면에 바로 닿지 않게 한 다음 스티밍 과정을 진행한다.

10~11시 방향

12시 방향

1~2시 방향

스팀피처 윗면을 기준으로 한 접점의 위치

라테아트의 기초기술

파지법

파지(把指)법이란 손으로 쥐는 것으로, 즉 사용하고자 하는 잔을 손가락이나, 손으로 쥐는 방법을 말한다.

잔의 파지(5가지 파지 중 기초 파지법)

기본 파지법

잔의 손잡이에 손가락을 넣고 엄지손가락으로 고정시켜 준다.

편하고 안정적이나 잔의 크기가 커질 경우 커피가 채워짐에 따라 흔들릴 수 있는 단점이 있다.

상단 파지법

잔의 크기가 작을 경우, 또는 손이 큰 바리스타의 경우에 주로 사용되는 파지법으로 엄지와 검지로 손잡이의 양쪽을 잡고 잔의 수평을 조절해 준다.

잔을 직접 파지함으로써 온도상승에 따라 집중력이 약해지는 단점이 있을 수 있으므로, 손의 바닥 부분이 잔에 접촉되지 않도록 주의해서 파지한다.

잔의 손잡이와 윗면 잡기

손잡이 잡기

윗면 잡기

스팀피처의 파지(12가지 파지 중 기초 파지법)

스팀피처의 파지에 따라 라테아트 형태의 변화도가 있으므로 자신에게 알맞은 파지법을 결정하는 것도 중요하다.

스팀피처를 잡는 손의 형태

기본 파지법

교육할 때 쓰이는 파지로 스팀피처의 상단, 손잡이의 상단과 하단의 힘의 분배가 일정해서 고정이 잘 되어 안정화와 푸어링에는 용이하지만 섬세한 핸들링에는 다소 제한이 있다.

상단 파지법

손잡이 좀 위주의 고정으로 깔끔한 핸들링이 가능하다. 늘이기와 심 넣기 등

상단 파지

하단 파지

상 · 하단 파지법에 따른 손의 형태

에 유리하나 숙달이 되지 않으면 제한사항이 많다.

하단 파지법

손잡이 종횡 파지로 섬세하고 빠른 핸들링이 가능하다.

바리스타의 기본 자세

바리스타에게 '이 자세가 정답이다'는 없다.

양발은 어깨 넓이, 팔은 겨드랑이 사이에 옆 주먹 하나가 들어갈 정도의 공간을 벌려주고 가슴높이에 잔과 피처를 위치시킨다.

시연 : 해병대 출신 주선욱 바리스타

집중력이 필요할 때에는 잔과 피처를 좀 더 몸의 상단으로 조정한다.

몸의 한쪽이나 손에 힘이 과도하게 집중되지 않도록 힘을 빼주고 드립과 마찬가지로 안정적이고 몸에 부담이 가지 않는 편안함 가운데 진행하며 바리스타의 예의 있는 모습이 중요하다고 할 수 있다.

크레마의 안정화

안정화(stabilization)란 와인에서 쓰이는 용어로 발효 후 와인의 안정성을 위해 처리하는 과정을 커피의 스티밍에 적용한 용어이다.

풀이해서 말하면 커피의 낙차를 이용하여 높은 위치에서 부어주면 스팀밀크가 크레마의 아래쪽으로 들어가면서 밀도 차에 의해 크레마를 띄워주고 낮아지면서 적당한 위치에 내려가면 낙차가 줄면서 크레마 위에 폼이 얹혀지는 지점(safety zone : 아트가 일그러지지 않는 안전지대)을 말한다.

스티밍이 제대로 된다면 초보자도 쉽게 할 수 있는 기본 단계이다.

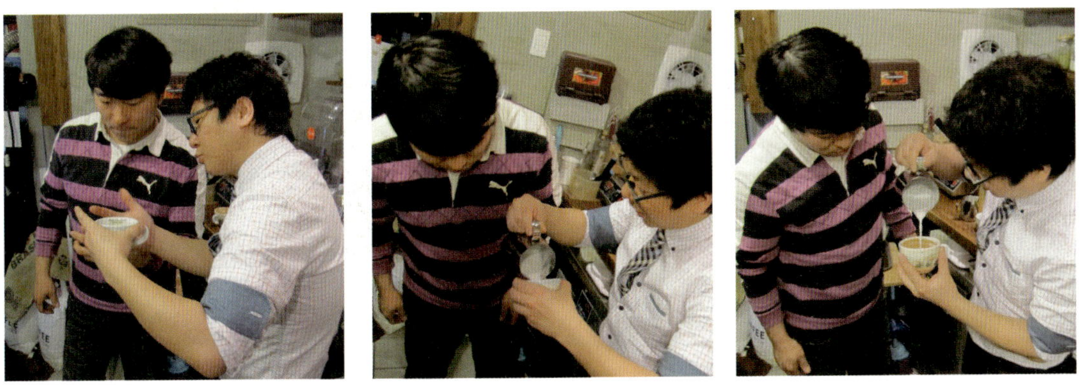

지도 : 커피마리오 대표 바리스타 박근형, 첫 시도 고객 최정순 님

안정화의 기본

1~5. 잔의 중앙 부분에 스팀밀크의 두께에 따라서 낙차를 조절하며 붓기

6~7. 낙차를 줄이면서(크레마와 스팀피처 사이 간격) 아트 그리기(크레마에 밀크 폼이 얹혀져 아트가 그려진다)

8~10. 스팀피처를 아트의 위쪽으로 들어주어 표면 정리하기(낙차가 생기면 밀크 폼이 크레마 안쪽으로 빨려들어가면서 표면이 깨끗하게 정리된다)

잔 기울이기

라테아트에서 잔의 기울이기는 중요한 요소 중 한 가지이다.

잔을 얼마나 기울이느냐에 따라 낙차의 폭이 조정되고 이에 따라서 안정화 시점과 푸어링의 형태가 결정되기 때문이다.

기울이기는 추출한 커피의 양과 잔의 크기, 폼의 두께, 그리고자 하는 아트 작품, 바리스타에 따라 달라진다.

기본 잔(6oz)인 경우 잔을 30~45° 각도로 숙여서 절반 정도까지 안정화를 하고 45~60° 정도까지 숙여 낙차를 줄인 후 아트를 진행한다 .

예를 들어, 하트의 경우에 실제로 피처는 안정화를 시킨 후 잔에 접지만 하고 잔의 기울이기를 통해 세워주면서 디자인을 조율하기도 한다.

기본 파지법에 의한 잔의 기울기 각도

핸들링 연습

1cm 정도의 폭으로 좌우 핸들링을 한다(기본 8개 핸들링 중 다운-업식, 핸들링을 하며 내렸다 올렸다를 반복).

빠른 핸들링이 중요한 게 아니라 실제 그림을 그린다는 생각으로 연습한다.

핸들링의 실제

1~2. 중앙모으기를 통해 크레마를 안정시켜 주며 1시 방향으로 이동하기

3. 1cm 정도의 간격으로 좌 · 우 핸들링을 일정하게 해주면서 잔의 아래 부분까지 내려오기(down)

4. 좌 · 우 핸들링을 하며 잔의 위쪽 부분까지 올라가기(up : 올라가는 그림은 빨려들어간다)

5~10. 3~4를 반복하면서 잔이 찰 때까지 연습하기

* 핸들링 연습의 효과 : 간격 조절, 속도, 공간의 이해, 상 · 하 · 좌 · 우 핸들링 패턴 숙달

푸어링(유속)의 강약 조절

잔 안에서의 유속은 가늘게 부으면 천천히, 굵게 부으면 빠르게 형성된다.

약한 유속

강한 유속

푸어링에 따른 잔의 유속 변화

에칭의 기본 준비물

에칭 툴(이쑤시개), 스푼, 거품기, 파우더 통, 냅킨, 온도계(스티밍) 등이 필요하다.

이미지 트레이닝

라테아트는 결과물의 확인 없이 연습하기가 어렵다.

스팀피처에 물을 담아 물줄기를 연습하는 것도 중요하지만 아무래도 밀도와 질감 차이의 상이함에서 어려움을 겪는 경우가 많아서 매장에서 한 번 연습한 결과물을 가지고 20회 이상 비슷한 여건하에서 연습하는 방법을 이미지 트레이닝이라고 부른다.

- 가정에서 전자레인지의 경우 : 우유를 1분 정도 데우고 거품기와 파우더를 활용하여 이미지 트레이닝을 한다.
- 전자레인지가 없을 경우에는 우유를 데워서 동일하게 사용한다(온도 고려).
- 매장에서 사용하고 남은 우유를 모아두었다가 식혀서 다시 스티밍한 후 연습하기도 한다.
- 연습한 결과물에 얼음을 넣고 다시 스티밍해서 사용하기도 하지만 위생상 또 머신 관리상 제한사항이 있다.

우유 데우는 기기

전자레인지

핫플레이트

이미지 트레이닝의 반복

1~2. 연습에 사용한 결과물, 프렌치프레스나 거품기, 파우더 통 준비하기

3. 결과물을 프렌치프레스나 거품기에 담기

4~5. 펌핑 작업하기(따뜻할 때 해야 적당한 폼의 두께 유지)

6. 잔에 펌핑한 내용물을 에스프레소만큼 붓기

7. 코코아파우더 뿌리기(크레마의 효과)

8~10. 스팀밀크 폼의 두께를 고려하면서 디자인 연습하기(반복 연습)

11. 에칭 연습하기

12. 완성된 모양

요리적 측면에서 본 라테아트

앞에서 언급했던 것과 같이 커피는 요리이고 음료이다.

그렇다면 결국 중요한 건 향미이기 때문에 시간과 온도, 조화의 상관관계가 생긴다.

기본적인 부분을 확실히 지키면서 아트를 하는 게 중요한데, 취향의 다양성을 인정해야 하지만 결국은 커피이기 때문에 커피를 먼저 추출해 놓고 스티밍을 하면 그 동안에 커피는 식게 된다. 주가 커피인데, 스티밍의 온도가 너무 높다면 커피를 데우고, 너무 낮다면 커피를 식히게 되는 현상이 벌어지게 되는 것이다.

이상적인 것은 커피와 추출을 이해하면서 추출과 스티밍을 동시에 마무리하고, 우유의 한계치 내에서 커피의 온도에 많은 영향을 주지 않도록 온도대를 조절하는 게 좋다. 물론, 취향의 차이는 어쩔 수 없고, 개인적으로도 낮은 온도대의 스팀밀크를 더 좋아하기는 하지만 기본적인 부분은 지키려고 노력하는 바리스타가 되어야 한다.

'그 따위 그림으로 커피를 망치지 마라?'

라테아트에는 핸드드립에서는 볼 수 없는 보온, 보향의 2가지 요소인 크레마와 밀크 폼이 존재한다.

바리스타들의 끊임없는 연습과 라테아트의 발전

라테아트의 발전 단계는 원리의 이해 → 단계별 실습을 통한 기초디자인의 습득 → 디자인의 이해 → 기본 디자인의 완성도 상향 → 창작 활동 정도로 볼 수 있다.

라테아트도 다른 커피의 분야와 마찬가지로 과학적 · 수학적 · 감각적 · 예술적이므로 원리를 이해하고 공식을 적용해서 체득화하다보면 어떤 잔이라도 표현하고자 하는 작품을 띄우게 되고 창작에도 이르게 된다.

창작은 중간 과정에서도 일어날 수 있으므로 본인이 그 디자인을 표현할 수 없는 상태라면 나중을 위해서 메모의 습관도 중요하다.

또한 개인의 노력과 각오에 따라서 바리스타의 실력은 현격하게 차이가 날 수 있는데, 바리스타가 갖추어야 할 요소는 다음과 같다.

- 예술성, 리듬감, 시야(잔이라는 공간의 이해), 이해력, 습득력, 창의력, 속도감
- 적응력(무대, 어떤 자리에서도 자연스럽게 표현할 수 있어야 아트라 할 수 있다)
- 여러 가지 요소가 필요하지만, 가장 중요한 건 열정과 연습

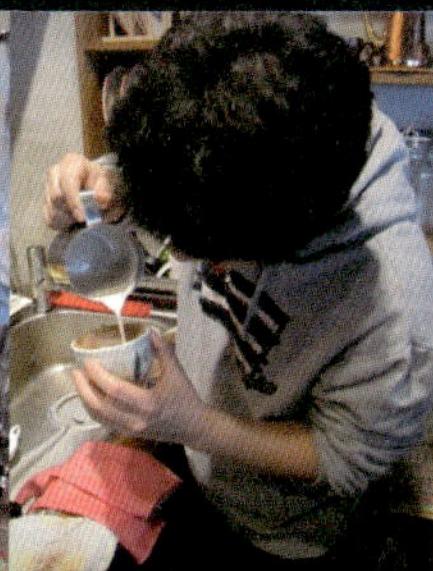

02

라테아트의 단계

라테아트의 단계에 큰 의미가 있지는 않다. 수준이 높아지면 개인적인 취향에 맞는 단계 위주로 연습을 하게 되지만 처음 시작할 때는 계단처럼 기초부터 확실하게 다지고 상위단계로 올라가는 게 좋다.

02 Latte Art basic
라테아트의 단계

1단계 : 중앙 모으기

커피와 스팀밀크의 밀도 차이를 이해하고 적절한 온도로 스티밍된 우유를 중앙 부분에 부어주면서 낙차를 활용하여 안정화 상태를 만들어 주는 것으로 라테아트를 하기 위한 기초 베이스를 만들어 주는 작업이다.

핵심 4 process

2단계 : 소스 에칭

중앙모으기가 된 상태에서(스티밍이 너무 두껍게 되면 소스가 올려졌을 때 번지고, 너무 얇게 되면 가라앉아 버린다) 최대한 빠른 시간 내에 커피 위에 그리고자 하는 아트를 소스나 파우더를 활용해 디자인하는 작업이다.

핵심 4 process

3단계 : 기구 에칭

카푸치노 만들기나 하트 디자인 연습 중 주로 하는 과정으로 폼을 스푼으로 떠서 크레마 위에 얹거나 하트의 외형을 그려 주고 향미를 해치지 않는 시간범위 내에서 에칭 기구를 사용하여 캐릭터나 크로키(스케치)를 하는 작업이다.

핵심 4 process

4단계 : 푸어링

라테아트를 하기에 적합한 상태로 안정화 작업을 진행하면서 크레마를 살려 주고 잔에 스팀밀크를 그리고자 하는 디자인에 맞게 핸들링에 강약을 주면서 부어주는 단계적 작업이다.

핵심 4 process

5단계 : 프리 푸어링

기본적으로 푸어링이 되는 상태에서 정형화되어 있는 디자인이 아닌 자유로운 표현이 가능한 핸들링을 통해 잔 안에 작품을 표현하는 단계로 깔끔하면서 보는 사람도 공감할 수 있는 디자인을 띄우는 게 중요 포인트이다.

핵심 4 process

라테아트의 종류

소스 에칭(sauce etching)

폼 에칭(foam etching)

컨버스 에칭(converse etching, coffee etching)

크로키(croquis)

푸어링(pouring)

프리 푸어링(free pouring)

03

소스 에칭

Sauce Etching

메뉴에 따라 커피의 맛과 어울리는 소스를 활용한 라테아트의 기초 기술로 스팀밀크의 폼이 안정적인 상태라면 소스와 간단한 에칭기술만으로도 커피에 멋지고 다양한 작품을 표현해 낼 수 있다.

03 Latte Art basic
소스 에칭 Sauce Etching

기초 에칭이라고도 하며 카페모카, 카라멜 마키아토처럼 카페라테가 아닌 소스를 이용할 수 있는 메뉴에 활용하는 라테아트로 크레마의 명암을 확실하게 살려 주고 표현하면 선명함을 극대화시킬 수 있다(폼의 중요성 : 거칠면 소스가 번지고, 부족하면 가라앉는다).

소스 에칭의 4가지 방식

1. 하트-다운(heart-down)식 : 위에서 아래로 내려준다.
2. 스타-아웃 앤 인(star-out & in)식 : 사방으로 밖으로 빼주고, 사이 안으로 넣어준다.
3. 클로버-인(clover-in)식 : 가운데까지 넣어준다.
4. 핀휠-스핀(pinwheel-spin)식 : 선을 중앙으로 나갔다 들어갔다를 반복한다(대칭에 신경 쓴다).

핵심 4 process

1
2
3
10
4
9
5
8
7
6

Etching process

1 낙차를 조절하면서 중앙모으기를 한다.

2 크레마를 깔끔하게 정리하면서 잔을 가득 채운다.

3 왼쪽 잔에 초코소스로 타원형의 선을 4선 정도 그어준다.

4 오른쪽 잔도 초코소스를 일직선으로 4선 정도 그어준다.

5 준비된 두 디자인의 기초 소스 선의 형태이다.

6~7 왼쪽 잔의 초코소스에 핀휠-스핀(pinwheel-spin)식으로 에칭을 시작한다.

- 남은 3개의 곡선도 동일한 방법으로 진행한다.

8~10 오른쪽 잔의 초코소스를 왼쪽에서 오른쪽으로 일직선으로 한 번에 그어주고 끝부분에서 오른쪽 아래 방향으로 내려오면서 반원 형태를 그린다.

- 아래쪽까지 간격조절을 유지하면서 한 번에 완료한다.

핵심 4 process

초코소스로 선을 그려 준비하기

핀휠-스핀식 에칭하기

왼쪽에서 오른쪽으로 일직선으로 긋기

끝부분을 반원 형태로 이어서 간격을 유지하면서 아래까지 마무리하기

라테아트란?

강정자 바리스타 - **열정**

시간의 흐름을 이겨나갈 수 있는 열정이다.

실크로드

1
2
3
4
5
6
7
8
9
10

6 1시 방향에서 안쪽으로 내려간다.

7 중앙 부분까지 그려주고 마무리한다.

8 에칭 기구를 들고 준비한다.

9 초코소스 선의 중앙 부분을 갈라주면서 내려간다.

10 가운데 부분까지 한 번에 돌려준다.

핵심 4 process

초코소스로 중앙까지 지그재그 그리기

다 그려지면 에칭 기구 들고 준비하기

초코소스 선의 중앙 부분을 가르며 내리기

가운데까지 한 번에 내리기

바리스타 | 강정자 · 박선종

강정자 바리스타

핸드드립 과정 수료

로스팅 과정 수료

라테아트 과정 수료

KBC대회 출전

박선종 바리스타

바리스타 2급 인증서

핸드드립 과정 수료

로스팅 과정 수료

라테아트 과정 수료

커피 볶는 집 올래

서울특별시 동작구 상도동 355-8, ☎02-6014-5353

피에로

1
2
3
10
4
9
5
8
7
6

Etching process

1 낙차를 조절하면서 중앙모으기를 한다.

2 크레마를 깔끔하게 정리하면서 잔을 가득 채운다.

3~4 왼쪽에 원을 그려준다.

5 오른쪽에도 왼쪽과 동일한 크기의 원을 그린다.

6 두 원을 웃는 듯한 느낌으로 이어준다.

7 왼쪽의 원을 스타-아웃(star-out)식(사방으로 밖으로 빼준다)으로 그린다.

8 오른쪽 원도 스타-아웃식으로 그린다.

9 양쪽의 원을 스타-인(star-in)식(아웃식 사이 중간에서 안으로 넣어준다)으로 그린다.

10 아래 선을 핀휠-스핀(pinwheel-spin)식(선을 중앙으로 나갔다 들어 갔다를 반복하며 대칭에 신경 쓴다)으로 그린다.

핵심 4 process

크레마 깔끔하게 정리하기

양쪽에 원을 그리고 두 원 잇기

스타-아웃식과 스타-인식으로 그리기

아래선 핀휠-스핀식으로 그리기

라테아트란?

송은주 바리스타 - **과정**

파스텔 톤 편안함을 찾아가는 과정이다.

르네상스

1
2
3
4
5
6
7
8
9
10

8~9 에칭 기구로 중앙 원형 폼의 가운데에서 아웃식으로 사방으로 빼준다.

- 밖으로 나가면서 에칭 기구를 들어 준다(뾰족한 선 표현).

10 사방 가운데 부분의 원형 폼의 뒤쪽에서 에칭 기구의 끝부분으로 중앙까지 들어간다.

- 중앙 원형의 가운데 부분에 초코소스로 점을 찍어 마무리한다.

핵심 4 process

폼을 떠서 중앙에 원형으로 얹고 테두리 원 그리기

사방의 가운데 부분에 폼을 떠서 얹기

중앙 원형 테두리에 초코소스로 그리기

에칭 기구 이용 아웃식으로 사방으로 빼기

바리스타 | 송은주

한국 커피교육협회 바리스타 1, 2급
한국 커피협회 커피지도사 1급
유럽바리스타 Level 1&2 인증서
상록호텔조리직업전문학교 커피교육 전임강사 역임
SCAA Q-grader, 한국 커핑 심판관
한국커피협회 향미평가 교재 편집위원
호텔외식 MBA 석사
경기도 지적장애인바리스타대회 심사위원
골든커피어워드 심사위원
알마씨엘로 바리스타대회 심사위원

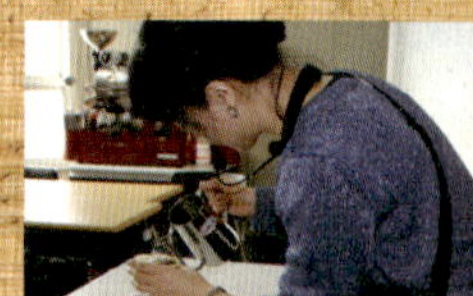

1
2
3
10
4
9
5
8
7
6

Etching process

1 낙차를 조절하면서 중앙모으기를 한다.

  - 크레마를 깔끔하게 정리하면서 잔을 가득 채운다.

2 중앙보다 상단부에 초코소스로 잔의 원 모양을 크게 그린다.

3 잔의 원 모양 아래에서 사선으로 잔 왼쪽 옆면을 그린다.

4 이어서 바닥의 선을 그린다.

5 위로 올리면서 오른쪽 옆면을 그린다.

6~7 옆면에 이어서 손잡이 형태를 그린다.

8~9 원의 중앙에 길게 눕혀 작은 원을 그려준다.

10 작은 원의 가운데를 갈라 원두의 형태를 그리고 마무리한다.

  - 커피를 올려주기도 한다.

핵심 4 process

잔의 원 모양 그리기

사선으로 옆면 그리기

옆면과 이어서 손잡이 그리기

원 중앙에 작은 원 그리기

라테아트란

이현순 바리스타 - **스케치북**

라테•아트란 꿈을 그리는 스케치북•이다.

1
2
3
10
SAINT
COFFEE
4
9
5
8
7
6

Etching process

1 낙차를 조절하면서 중앙모으기를 한다.

– 크레마를 깔끔하게 정리하면서 잔을 가득 채운다.

2~3 원의 형태를 낙차를 줄여서 바로 그리거나 폼을 떠서 크게 그린다(잔의 1/2 정도의 분포).

4 원의 중앙에서 위편에 오른쪽 사선으로 초코소스를 이용하여 길게 그려준다.

5~6 4와 동일한 방법으로 아래편 오른쪽에 사선으로 초코소스를 이용하여 하나 더 그려준다(빼빼로의 초콜릿 부분).

7~8 에칭 기구를 깊이 담가서 크레마를 많이 찍어준다.

9~10 사선의 아래쪽으로 크레마를 찍어서 길게 그려서 마무리한다(빼빼로의 막대 부분).

핵심 4 process

크레마를 정리하고 잔 가득 채우기

폼을 떠서 크게 원의 형태 그리기

오른쪽 사선으로 초코소스를 이용 길게 그리기

사선의 아래쪽으로 크레마를 찍어서 길게 그리기

라테아트란?

양성민 바리스타 - **도전**

하나의 벽을 넘을 때마다 성장한다.

금연

1
2
3
4
5
6
7
8
9
10

Etching process

1~2 낙차를 조절하면서 중앙모으기를 통해 크레마를 깔끔하게 정리하며 잔을 가득 채운다.

- 원의 형태를 낙차를 줄여서 바로 그리거나, 폼을 떠서 그린다.

3 초코소스로 원의 외곽을 둘러준다.

4 초코소스로 담배의 머리 부분을 그린다.

5~7 초코소스로 담배의 아래 부분을 그린다.

- 에칭 기구로 초코소스를 떠서 그려도 된다.

8~9 초코소스로 대각선을 그어서 금연표시를 해준다.

10 에칭 기구로 초코소스나 크레마를 가늘게 찍어서 담배가 타는 형태를 그린다.

핵심 4 process

폼을 떠서 크게 원의 형태 그리기

원의 폼 외곽에 초코소스로 선 그리기

원 안에 초코소스로 담배 모양 그리기

에칭 기구로 담배가 타는 형태 그리기

바리스타 | 양성민

KNBC(월드 바리스타 챔피언십) 심사위원
KLAC(월드 라테아트 챔피언십) 심사위원
한국바리스타 챔피언십(KBC) 심사위원
팀 바리스타 챔피언십(KTBC) 심사위원
엔젤리너스 바리스타 챔피언십 심사위원
커피지도사 1급 취득 및 양성과정 심사위원바리스타
챔피언십 대회 트레이너
현재 SaintCoffee 대표

SaintCoffee1980

인천광역시 남구 용현동 194-7 디아트마이홈 1층, ☎ 010-4199-9064

슈퍼맨

1
2
3
10
ARA
4
9
5
8
7
6

Etching process

1 낙차를 조절하면서 중앙모으기를 한다.
- 크레마를 깔끔하게 정리하면서 잔을 가득 채운다.

2 잔의 중앙에서 오른쪽 상단으로 원형의 폼을 떠서 얹어준다.

3 원형 폼의 외곽에 초코소스로 선을 그린다.

4~6 3의 안에 대륙의 형태로 선을 그린다.

7~9 초코소스로 지구를 한 손으로 들고 있는 듯한 사람의 형태를 그린다.
- 잔이 작을 경우에는 에칭 기구로 초코소스를 찍어서 작고 가늘게 그린다.

10 망토를 그려서 슈퍼맨의 모습을 표현한다.
- 에칭 기구로 밀크 폼을 찍어서 가슴에 S자를 그려줘도 된다.

핵심 4 process

잔의 오른쪽 상단에 원형 폼 떠서 얹어주기

원형 안에 대륙의 형태로 선 그리기

초코소스로 사람의 형태 그리기

망토를 그려서 슈퍼맨의 모습 표현하기

라테아트란

한호준 바리스타 - **날개**

사람에게 옷이 날개이듯, 커피에겐 라테아트가 날개이다.

열대어 시리즈

1
2
3
4
5
6
7
8
9
10

Etching process

1 낙차를 조절하면서 중앙모으기를 한다.
 – 크레마를 깔끔하게 정리하면서 잔을 가득 채운다.

2~3 잔을 3등분하여 원의 형태를 그려준다.
 – 위쪽에는 이어서 3개, 가운데는 떼어서 2개, 아래쪽에 1개(다른 형태의 물고기)를 그린다.

4 맨 위쪽 원의 중앙에서 바깥쪽으로 사선으로 빼면서 지느러미를 위아래로 그린다.

5 원의 뒤쪽에서 사선 형태로 중앙으로 넣어주면서 꼬리의 형태를 만들어준다.

6 원의 맨 뒤쪽에서 앞으로 한 번에 그어주면서 물고기의 입 부분을 그려준다.

7~8 가운데 원의 오른쪽은 **4**, **5**, **6**과 동일하게 그려주고 왼쪽은 반대로 그려준다.

9 키싱구라미로 서로의 입을 마주 댄 형태로 표현한다.

10 아래쪽 원의 뒤쪽 1/3 부분 위아래에서 U자의 형태로 등지느러미를 그려주고 입 부분은 뒤쪽에서 한 번에 앞으로 그어주면서 마무리한다.

핵심 4 process

잔을 3등분하여 원의 형태 그리기

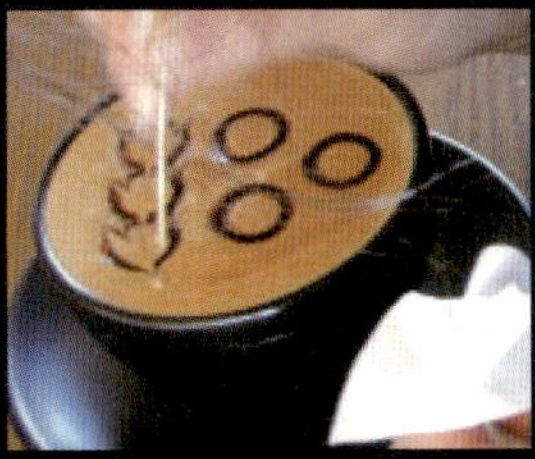
원의 뒤쪽에서 사선 형태로 중앙으로 넣어주면서 꼬리 형태 만들기

서로의 입을 마주 댄 형태로 표현하기

아래쪽 원도 지느러미, 입 그리고 마무리하기

라테아트란

용윤선 바리스타 - 꿈

나에게 라테아트는 행복한 꿈이다.

팔레트

1
2
3
10
4
9
5
8
7
6

초코소스로 7개의 원 그리기

원의 외곽에서부터 안쪽까지 감아서 선 그리기

원은 이어진 하트가 되도록 한 번에 회전해서 그리기

선은 핀휠-스핀식으로 이어서 그리기

바리스타 | 용윤선

"우연히, 커피 볶고 커피 내리는 사람"

바리스타 2급 인증서

후지로얄 커핑 세미나

UCC 커피 박물관 연수

Kenya Sasini Limited Member of Group Coffee Mill 연수

현재 커피 아저씨 목동점 추출 강사

영등포 여성 인력개발센터 바리스타 베이직 강사

영등포 여성인력개발센터

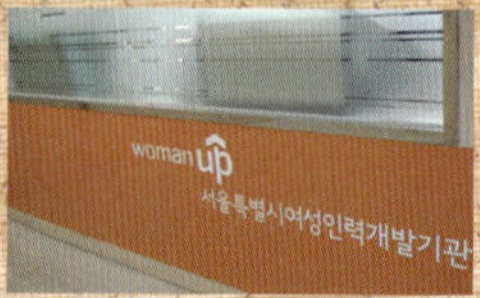

서울시 영등포구 영등포동 6가 8-1번지 극동빌딩, ☎ 02-858-4514

Tip 파우더 에칭과 필름 에칭

파우더 에칭 기구 사용해 보기

다음은 여러 제품 중 시판 중인 MOTTA 데코레이터 카카오 데코레이션 세트이다.

코코아 파우더(시나몬 파우더)를 채우고 원하는 그림판을 결합한다.

간단하게 결합된 상태이다.

커피의 표면 가까이에 대고 뒷부분(몸체)을 돌려주면 파우더 그림이 완성된다.

필름지로 만들어 보기

1 필름지에 원하는 그림을 그려준다(사용컵의 크기에 맞게).
2 칼로 그림에 맞게 파주는 작업을 한다.
3 완성된 그림이다.
4 잔의 위쪽에 걸리도록 넉넉하게 잘라준다.
5 파우더를 필름지 위에 뿌린다.
6 필름지를 빼낸 파우더 에칭 작품(짱구)

* 종이를 사용할 경우 눌러붙거나 구겨지고 세척이 어려우므로 위생을 위해서 투명 필름지나 코팅용지로 만드는 게 유리하다.

Tip 기구의 사용법

에칭 기구의 정리와 보관

에칭 기구도 조리 기구 중 하나라는 생각으로 방치하지 말고, 별도로 정리와 관리를 할 필요가 있다.

에칭 기구는 분리해서 정리한다.

냅킨과 에칭 툴은 청결하게 관리하며 사용 시마다 닦아준다.

스팀 폼용 스푼은 별도 보관한다.

에칭 툴 사용법

폼은 에칭 툴을 짧게 담그면 가늘고 짧게, 길게 담그면 굵고 길게, 크레마는 살짝 담그면 날카롭고 가늘게, 길게 담그면 두껍고 길게 표현된다. 크레마의 표면이 많이 상하지 않게 한쪽에서 쓰고 폼으로 마무리한다.

1 에칭 툴을 짧게 담가준다(밀크 폼).

2 에칭 툴을 길게 담가준다(밀크 폼).

3 에칭 툴을 살짝 담가준다(크레마).

4 에칭 툴을 길게 담가준다(크레마).

5 크레마는 한쪽만 찍어서 사용한다.

6 1~5 좌 · 우 비교그림

04

폼 에칭
Foam Etching

커피의 추출과 스티밍의 원리를 알고 있다면 안정화된 커피의 표면에 스푼과 에칭 기구로 밀크 폼을 얹어 하얀 점과 선을 그리고 이를 활용해서 부드러우면서 선명한 라테아트를 표현해 낼 수 있다.

04 Latte Art basic
폼 에칭 Foam Etching

라테, 카푸치노의 경우 카페모카나 카라멜 마키아토 등과 같은 음료처럼 소스를 사용하기에 제한되므로 소스 대신 스티밍한 폼을 활용하여 표현하는 라테 아트를 말한다.

기초디자인의 시연

1. 표면의 크레마를 깔끔하게 정리한 커피의 위에 밀크 폼을 떠서 3등분 해준다.
2. 안에서 바깥쪽으로 폼을 깨끗하게 덮어주고 가운데에 폼을 동그랗게 얹는다.
3. 한쪽에서 시작해서 양쪽의 대칭이 맞도록 에칭 툴로 지그재그로 그어준다.

핵심 4 process

해바라기

1
2
3
10
4
9
5
8
7
6

핵심 4 process

폼을 떠서 가운데에 원 하나를 크게 얹기

큰 원 주변에 작은 원 8개 만들기

큰 원을 핀휠-스핀식으로 해 모양 만들기

작은 원을 안쪽에서 바깥쪽으로 빼주기

라테아트란?

박선종 바리스타 - 응답

바에서 고민하고 노력할 때 느껴지는 감사의 응답이다.

데칼코마니

1
2
3
4
5
6
7
8
9
10

Etching process

1 낙차를 조절하면서 중앙모으기를 한다.

2 크레마를 깔끔하게 정리하면서 잔을 가득 채운다.

3 폼을 떠서 중앙 부분을 일직선으로 나눈다.

4 3의 양쪽에도 폼을 떠서 일직선으로 나눈다.

– 앞쪽 경계선을 먼저 그리고 뒤편을 채워줘야 깨끗하게 정리가 된다.

5 4의 일직선 오른쪽 뒤편을 폼을 떠서 메꾼다.

6 4의 일직선 왼쪽 뒤편을 폼을 떠서 메꾼다.

7~10 오른쪽 폼 위쪽 중앙에서 시작해서 왼편으로 이동해서 폼 쪽 중앙까지 그어주고 반원의 형태를 그리면서 아래로 내려가서 지그재그 형태로 끝부분까지 내려온다.

– 간격과 대칭을 확인하면서 마무리한다.

핵심 4 process

폼을 떠서 중앙 부분과 양쪽에 하나씩 일직선 긋기

오른쪽 뒤편 폼으로 메꾸기

왼쪽 뒤편 폼으로 메꾸기

위에서부터 지그재그로 간격과 대칭 주의하며 그어주기

라테아트란

이승환 바리스타 - **조미료**

맛있는 커피를 '조금 더' 맛있게 해주는 작은 즐거움이라고 생각한다.

고양이 커플

1
2
3
10
SPECIALTY K
4
9
02
5
8
7
6

Etching process

1~2 낙차를 조절하면서 중앙모으기를 하고, 크레마를 깔끔하게 정리하면서 잔을 가득 채운다.

- 스푼으로 밀크 폼을 떠서 가운데를 갈라준다.

3 오른편에 폼을 덮어 데칼코마니 형태로 만들어 준다.

4 3에 왼편의 크레마를 찍어서 고양이의 머리와 귀를 그린다.

5 4의 아래쪽으로 크레마를 찍어서 고양이의 몸을 그린다.

6 5에 크레마로 몸 아래쪽에 꼬리를, 머리에는 눈을 감은 형태의 눈썹과 코를 그린다.

7 6의 왼편에 밀크 폼을 떠서 고양이의 머리와 몸을 그린다.

8 7의 몸 아래쪽에 꼬리를 그린다.

9 8에 고양이의 눈과 코를 밀크 폼을 떠서 그린다(암컷 고양이).

- 에칭 툴의 끝부분에 밀크 폼을 살짝 떠서 고양이 눈썹에 속눈썹을 표시한다.

10 밀크 폼을 떠서 귀를 그리고 마무리한다.

핵심 4 process

밀크 폼으로 가운데 가르기

오른쪽을 폼으로 덮기

크레마를 찍어 오른쪽에 고양이 그리기

밀크 폼을 떠서 왼쪽에 고양이 그리기

라테아트란

김주희 바리스타 - **추억의 달고나**

또 하고 싶고, 잘 하고 싶은 달콤한 달고나의 유혹이다.

송아지

1
2
3
10
4
9
5
8
7
6

6 에칭 기구로 크레마를 찍어서 주둥이 형태를 그린다.

7~8 6의 안에 크레마로 코의 형태를 그린다.

9~10 크레마로 눈을 찍고 폼을 찍어 눈동자를 얹어준다.

- 꼬리를 바깥에서 안쪽으로 2번 갈라서 형태를 잡아주고 마무리한다.

핵심 4 process

스푼으로 밀크 폼을 떠서 송아지 머리 형태 만들기

다리와 꼬리의 형태 그리기

에칭 기구로 크레마를 찍어서 귓속, 앞머리, 코 만들기

크레마로 눈을 찍고 폼을 찍어 눈동자 얹어주기

바리스타 | 이승환

바리스타 2년차
바리스타 베이직 과정 수료
핸드드립 과정 수료
라테아트 과정 수료
커피마리오 헤드 바리스타
현재 커피마리오 디자이너

커피… 내 인생의 발자취

1
2
3
10
4
9
5
8
7
6

핵심 4 process

오른쪽에 폼을 두껍게 떠서 원 모양 4개 얹기

원 모양 아래쪽에 폼을 길게 얹으면서 내려 발의 형태 만들기

발가락 형태로 폼을 떠서 얹기

걸어가는 발걸음의 형태로 나머지도 완성하기

바리스타 | 김재근

바리스타 자격증 필기시험출제/실기 심사위원
한국바리스타대회 심사위원
세계바리스타대회 국가대표선발전 심사위원
한국바리스타챔피언십(KBC) 심사위원장
엔젤리너스 바리스타 월드그랑프리대회 심사위원
2012 한국의 커피리더 10인
유럽 SCAE Authorized Trainer
저서 바리스타가 알고 싶은 커피학(교문사, 공저)
현재 백석문화대학 외식산업학부 겸임교수
백석대학교 평생교육원 커피 과정 책임교수
백석예술대학 바리스타학과 외래교수

커피아저씨

경기도 고양시 덕양구 행주내동 102-2, ☎ 031-971-1999

아들 밥 잘 챙겨 먹고 다녀

1
2
3
4
5
6
7
8
9
10

Etching process

1 낙차를 조절하면서 중앙모으기를 한다.
2 크레마를 깔끔하게 정리하면서 잔을 가득 채운다.
3 밀크 폼을 스푼으로 떠서 왼편에 밥그릇의 모양을 그린다.
4 밥그릇의 아래 부분에 스푼으로 떠서 원 모양의 밀크 폼을 올려준다.
5 4의 오른편에 밀크 폼으로 숟가락을 그린다.
6 숟가락의 옆에 젓가락도 그린다.
7 밥그릇의 위쪽에 밀크 폼을 떠서 소복하게 올려준다.
8 7의 위쪽에 스푼으로 밀크 폼을 떠서 작은 원을 그린다.
9 8에 크레마를 에칭 기구로 찍어서 밥알을 그린다.
10 4의 원 모양 밀크 폼 위에 에칭 기구를 넣어서 내려주면서 하트를 그리고 마무리한다.

핵심 4 process

스푼으로 폼을 떠서 밥그릇 그리기

숟가락 그리기

젓가락과 밥 그리기

크레마로 밥알 표현하기

라떼아트란

김덕순 바리스타 - **대화**

커피를 하는 아들과 공감대를 형성해 주는 대화이다.

애플 로고

designed by 김지원

Apple logo

Etching process

1 낙차를 조절하면서 중앙모으기를 한다.

- 크레마를 깔끔하게 정리하면서 잔을 가득 채운다.

2 밀크 폼을 스푼으로 떠서 중앙에 큰 형태의 원을 그린다.

3 에칭 기구로 폼을 떠서 원의 12시 상단 부분에서 찍어 내리면서 꼭지 형태를 만든다.

4~5 원의 6시 부분 아래쪽에 에칭 기구를 담가 회전시켜 폼의 형태를 지운다.

- 크레마를 스푼으로 크게 떠서 덮어줘도 된다.

6~10 원의 3시 부분 오른쪽에 에칭 기구를 담가 회전시켜 폼의 형태를 지운다.

- 크레마를 정리하여 로고의 형태를 확실하게 만들어 준다.

핵심 4 process

밀크 폼을 스푼으로 떠 중앙에 큰 형태의 원 만들기

에칭 기구로 폼을 떠서 꼭지 형태 만들기

아래쪽에 에칭 기구를 담가 회전시켜 폼 형태 지우기

오른쪽에 에칭 기구를 담가 회전시켜 폼 형태 지우기

라테아트란

윤성필 바리스타 - **정성**

작은 손 떨림으로 완성되는 커피 한 잔의 정성이다.

한자 쓰기(休)

designed by 김지원

1
2
3
10
4
9
5
8
7
6

핵심 4 process

잔의 4/5까지만 채우기

폼을 떠서 한자 쓰기

스팀피처 위치시키기

낙차를 주면서 잔의 나머지 부분 채우기

바리스타 | 윤성필

바리스타 경력 4년차
라테아트 과정 수료
로스팅 과정 수료
커핑 과정 수료
2014 BAU Barista Championship 심사위원
2015 CIK Latte Art Championship 심사위원
현재 카페 190 대표

카페 190

경기도 화성시 송산면 사강로 190, ☎ 031-355-8652

사 자

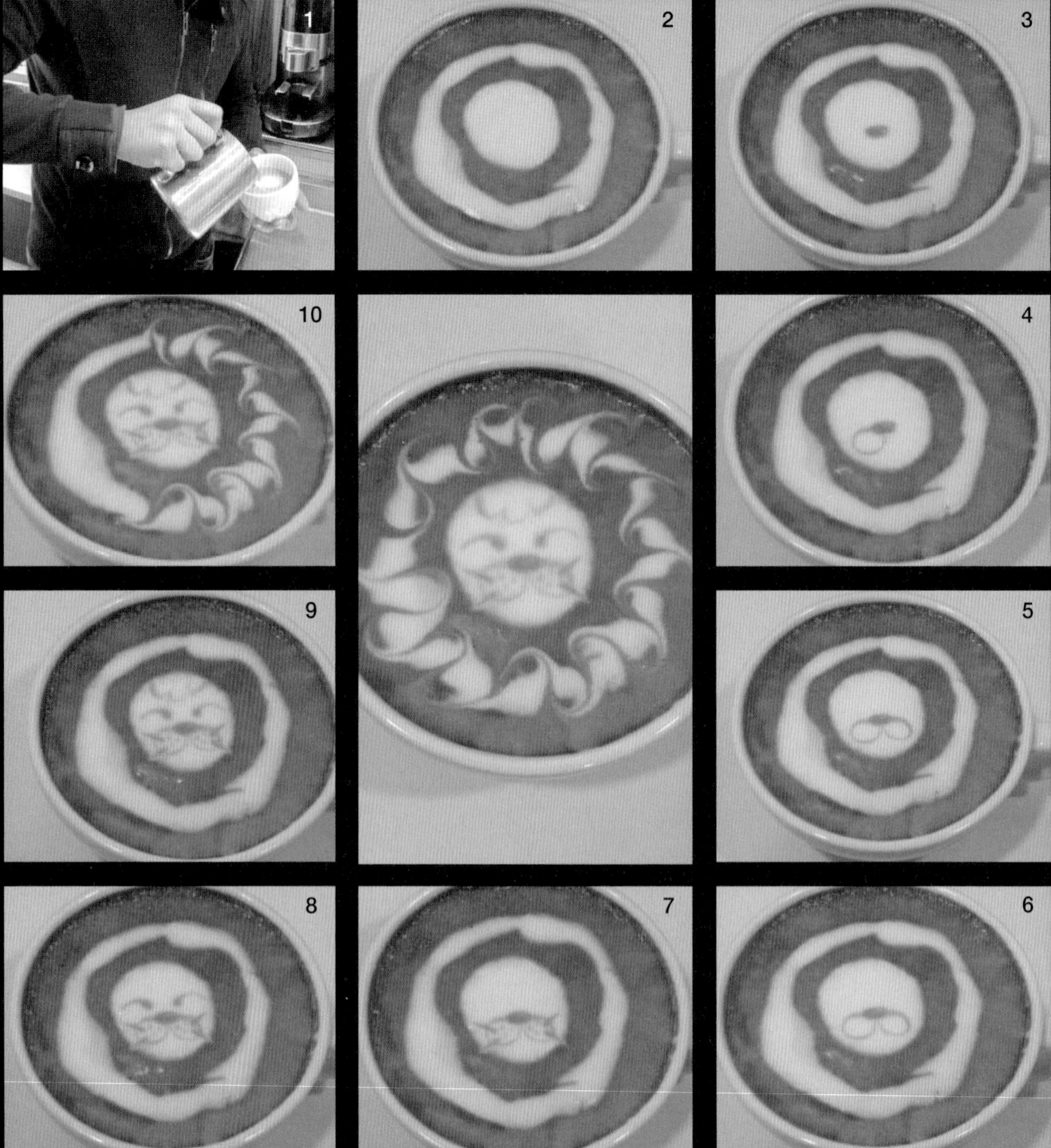
1
2
3
10
4
9
5
8
7
6

- 에칭 기구를 꾹 눌렀다가 반원의 형태로 동그랗게 돌려준다.

9 머리 쪽에 크레마로 반원을 그리고 안으로 2번 정도 넣어준다.

10 외곽의 밀크 폼에 핀휠-스핀(pinwheel-spin)식으로 사자의 갈기를 표현해 주고 마무리한다.

핵심 4 process

밀크 폼을 떠서 가운데 원의 형태로 얹고 외곽에 폼의 띠 두르기

크레마를 떠서 중앙에 사자 코 그리기

에칭 기구로 수염 뿌리, 수염, 눈 표현하기

외곽 폼에 핀휠-스핀식으로 사자의 갈기 표현하기

바리스타 | 한호준

얼티밋 바리스타 챌린지(2008) 에스프레소
프라페 부분 준우승
바리스타 2급 자격증 심사위원
KBC(2010) 심사위원
WBC(2010/2012) 심사위원
전 Caffe Ara대표
EK 바리스타 강사
서울 컨벤션 고등학교 로스팅 교사
현재 143Roaster 대표
한경기획 커피음료 실장

하트풍선을 든 곰돌이

Teddy bear holding a balloon heart

Etching process

1 낙차를 조절하면서 중앙모으기를 한다.
- 크레마를 깔끔하게 정리하면서 잔을 가득 채운다.

2 밀크 폼을 떠서 곰의 머리(귀까지), 풍선, 배, 손과 발을 얹어준다.
- 발의 한쪽 부분은 크레마를 찍어서 사용하므로 마지막에 얹는다.

3 에칭 기구로 크레마를 찍어서 주둥이와 입을 그린다.

4 에칭 기구로 크레마를 찍어서 눈과 귀 부분을 그린다.

5 위쪽 풍선 부분의 밀크 폼 위쪽에서 손 부분까지 내린다(하트 모양).

6 손 부분을 안쪽으로 2번 정도 넣어준다.

7 에칭 기구로 밀크 폼을 찍어서 곡선으로 몸을 그린다.

8~9 오른쪽 발바닥 부분을 크레마를 찍어서 그린다(아래쪽 크게 1, 위쪽 작게 3).

10 왼쪽 발 부분에 밀크 폼을 얹어주고 발바닥을 그려서 크레마 사용 흔적을 가려준다.
- 에칭 기구로 밀크 폼을 찍어서 나머지 몸을 그리고 마무리한다.

핵심 4 process

밀크 폼을 떠서 곰의 머리, 풍선, 배, 손과 발 얹기

에칭 기구로 크레마 찍어서 곰의 얼굴 표현하기

풍선 부분 밀크 폼을 위쪽에서 손부분까지 내려 하트 모양 만들기

에칭 기구로 나머지 세부사항 표현하기

라테아트란?

김덕아 바리스타 - **Happiness**

Happiness는 사전에 행복, 만족, 기쁨으로 해석된다.
라떼 아트를 할 때의 행복, 라테아트를 본 손님의 만족,
손님의 모습을 본 바리스타의 기쁨이라 말할 수 있다.

뿌까

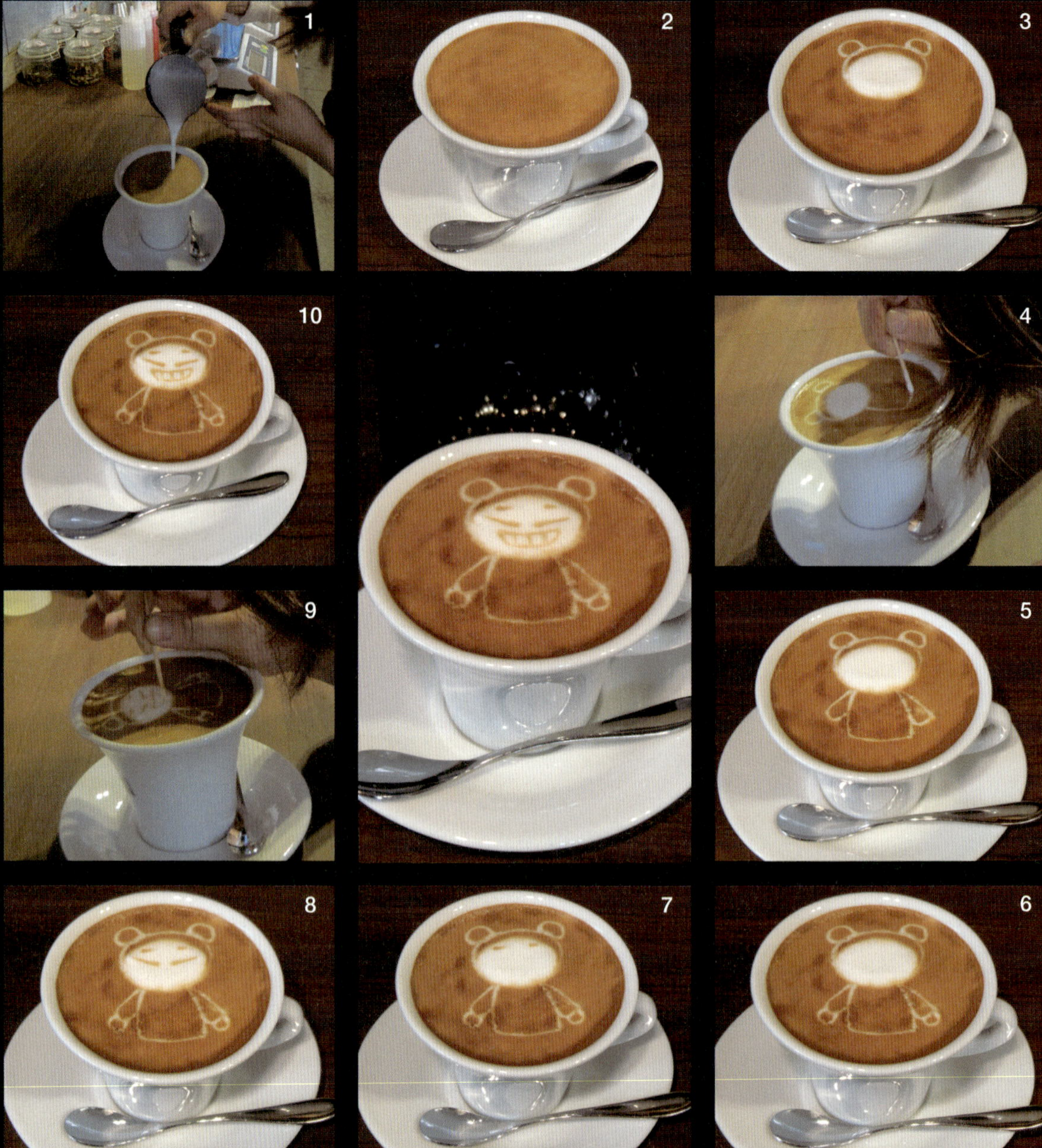
1
2
3
10
4
9
5
8
7
6

밀크 폼을 스푼으로 떠 얼굴 형태 그리기

에칭 기구로 밀크 폼을 떠서 머리, 띠, 묶음머리, 몸의 형태 그리기

양팔과 손 부분 그리기

에칭 기구로 크레마를 떠서 표정 그리기

바리스타 | 김덕아

CIK latte Art Championship 1위(2013년)
CIK latte Art Championship 1위(2014년)
전 카페글렌 만수점, 쏘렌토 부평로데오점,
스무디킹 스퀘어원점, 모래내 커피집 구월점 근무
한국 바리스타 챔피언십(KBC) 6위
현재 세인트커피 바리스타

개구리

1
2
3
4
5
6
7
8
9
10

Etching process

1~2 낙차를 조절하면서 중앙모으기를 하고, 크레마를 깔끔하게 정리하면서 잔을 가득 채운다.
– 밀크 폼을 떠서 중앙 부분에 얼굴의 형태를 크게 얹어 그린다.

3 2의 위쪽에 폼을 떠서 작은 원 2개를 얹어 눈의 외형을 그린다.

4 에칭 기구로 크레마를 떠서 3에 눈의 형태를 찍어준다.

5 밀크 폼을 에칭 기구의 끝부분에 살짝 떠서 4의 중앙에 찍어 눈동자를 표시한다.

6 크레마를 찍어서 웃는 입의 형태를 그린다.

7 밀크 폼을 떠서 작은 이빨의 모양으로 얹어준다.

8~9 밀크 폼을 찍어서 개구리의 다리 부분을 그린다.

10 밀크 폼을 깊게 찍어 발 부분을 눌러서 그리고 마무리한다.

핵심 4 process

밀크 폼을 떠서 중앙에 얼굴의 형태를 크게 얹고 위쪽에 작은 원 2개 얹기

작은 원 2개에 에칭 기구로 크레마를 떠서 눈의 형태 찍기

크레마를 찍어서 웃는 입의 형태 그리기

밀크 폼을 찍어 개구리 다리 부분 그리기

라떼아트란?

박금숙 바리스타 - **감동**

작은 커피 잔의 큰 감동이다.

꽃게

1
2
3
4
5
6
7
8
9
10

1 낙차를 조절하면서 중앙모으기를 한다.

– 크레마를 깔끔하게 정리하면서 잔을 가득 채운다.

2 스푼으로 폼을 많이 떠서 중앙에 원을 1개 크게 얹어준다.

3 폼을 떠서 중간 크기의 원 2개를 3의 양쪽 위에 얹어준다(집게발).

4 폼을 떠서 양쪽으로 작은 원을 각각 3개씩 얹어준다(다리).

5 중간 크기의 원 사이에 작은 원을 2개 얹어준다(눈).

6 에칭 기구로 크레마를 찍어 양 눈동자를 그려 넣어준다.

7 크레마를 찍어 지그재그로 집게발을 그린다.

8~9 양쪽의 외곽 작은 원들을 안쪽에서 바깥으로 나가면서 아웃식으로 빼준다.

10 크레마를 찍어서 배 부분을 그리고 마무리한다.

핵심 4 process

폼을 떠서 꽃게의 몸통과 발, 눈으로 쓰일 원 얹기

에칭 기구로 크레마 찍어 눈동자 그려 넣고 지그재그로 집게발 표현하기

외곽 작은 원 아웃식으로 빼주기

크레마를 찍어 배 부분 그리고 마무리하기

바리스타 | 박금숙

백석문화대 평생교육원 강의

커피아저씨 근무(교육실장)

바리스타 2급 인증서, 라테아트 교육 수료

로스팅 교육 수료

현재 영등포 여성인력개발센터 핸드드립, 라테아트, 카페메뉴 계좌제 전임강사

05

컨버스 에칭

Converse Etching

하얀 종이 위에 그려진 수묵화를 연상시켜 동양화 고유의 회화양식을 느끼게 하는 라테아트의 한 분야이다. 부드러움과 광택이 어우러지는 종이를 벨벳밀크(velvet milk)로, 먹을 크레마로 바꾸어 담담한 멋과 운치를 표현해 낼 수 있다.

05 Latte Art basic 컨버스 에칭 Converse Etching

커피 에칭(coffee etching)이라고도 하며 카페라테의 역방향 라테아트를 말한다. 먼저 밀크 폼을 적당량까지 채우고 에스프레소는 샷 잔으로 부어준 후에 밀크 폼으로 커피의 흔적을 메워주고, 크레마를 떠서 표현한 라테아트로 커피의 온도를 적절히 유지하면서 부드러운 밀크 폼을 느낄 수 있다.

기초디자인의 시연

1. 일반적으로 라테아트를 할 때처럼 커피를 잔에 바로 받는 방식이 아닌 샷 잔에(벨크리머) 별도로 받는다.
2. 스팀밀크를 먼저 잔에 4/5 정도 붓는다.
3. 1의 커피를 중앙모으기로 붓는다.
4. 표면에 커피의 흔적이 남으면 밀크 폼을 스푼으로 떠서 깔끔하게 표면을 정리한다.
5. 큰 원과 작은 원을 그리고, 유성의 형태로 아웃-인(out-In)식과 다운(down)식의 에칭 작업을 한다.

핵심 4 process

나비

1
2
3
10
CAFÉ de JURA
4
9
5
8
7
6

Etching process

1 스팀밀크를 잔의 높이 3/4 정도까지 채운다.

2 벨크리머에 추출한 에스프레소를 스팀밀크의 중앙에 붓는다.

3 스팀밀크를 부어서 잔의 나머지 부분을 채운다.

 – 깨끗하게 정리가 안 된 경우에는 스푼으로 폼을 떠서 얹는다.

4 크레마를 스푼으로 떠서 스팀밀크의 폼 위에 살짝 올려놓는다.

 – 번짐 현상에 의해 스팀밀크 위에 크레마가 얹혀진다.

5 크레마로 위 날개 형태의 원형을 크게 얹는다.

 – 크레마로 아래 날개 형태의 원형을 중간 크기로 얹는다.

6 크레마로 더듬이 형태의 원형을 작은 크기로 얹는다.

7 작은 원형의 뒤쪽에서 날개 안쪽으로 넣어준다(하트 형태의 더듬이가 된다).

8~10 위 · 아래 날개 형태의 원 바깥쪽으로 크레마를 빼서 날개의 모양을 만들고 마무리한다.

핵심 4 process

크레마로 날개와 더듬이 형태의 원형 얹기

작은 원형의 뒤쪽에서 날개 안쪽으로 넣기

위 날개 부분 크레마를 바깥쪽으로 빼기

아래 날개도 크레마 바깥쪽으로 빼기

라테아트란?

김명근 바리스타 - **또 다른 즐거움**

손님들에게 맛 이외에 더 드릴 수 있는 즐거움의 방법 중 하나이다.

눈꽃

1
2
3
10
4
9
5
8
7
6

Etching process

1~2 스팀밀크를 잔의 높이 3/4 정도까지 채운다.

3 벨크리머에 추출한 에스프레소를 스팀밀크의 중앙에 붓는다.

4 스팀밀크를 부어서 잔의 나머지 부분을 채운다.
- 깨끗하게 정리가 안 된 경우에는 스푼으로 폼을 떠서 얹는다.

5 크레마를 스푼으로 떠서 스팀밀크의 폼 위에 살짝 올려놓는다.
- 번짐 현상에 의해 스팀밀크 위에 크레마가 얹혀진다.
- 중앙 부분을 비워두고 도넛 형태의 원을 크레마로 그린다.

6 중앙에 에칭 기구를 담가서 사방으로 빼준다.
- 외곽으로 나가면서 에칭 기구를 들어주면 날카롭게 그려진다.

7 6의 사방의 가운데에 에칭 기구를 담가서 중앙에서 밖으로 빼준다(8방).

8~9 7의 상태에서 빠져나온 8방의 뒤쪽에서 폼의 중앙으로 넣어준다.

10 중앙 부분에 에칭 기구를 넣었다가 빼주어 8의 선을 모아준다.

핵심 4 process

스팀밀크와 커피를 부어서 잔 채우기

도넛 형태의 원 모양을 크레마로 그리기

중앙에 에칭 기구를 담가서 사방으로 빼기

뒤쪽에서 폼의 중앙으로 넣어주기

바리스타 | 강정자 · 박선종

강정자 바리스타
핸드드립 과정 수료
로스팅 과정 수료
라테아트 과정 수료
KBC대회 출전

박선종 바리스타
바리스타 2급 인증서
핸드드립 과정 수료
로스팅 과정 수료
라테아트 과정 수료

커피 볶는 집 올래

서울특별시 동작구 상도동 355-8, ☎ 02-6014-5353

로스터

1
2
3
4
5
6
7
8
9
10
coffee the sól

Etching process

1 스팀밀크를 잔의 높이 3/4 정도까지 채운다.

2 벨크리머에 추출한 에스프레소를 스팀밀크의 중앙에 붓는다.

3~4 스팀밀크를 부어서 잔의 나머지 부분을 채운다.

– 깨끗하게 정리가 안 된 경우에는 스푼으로 폼을 떠서 얹는다.

5 크레마를 스푼으로 떠서 스팀밀크의 폼 위에 살짝 올려놓는다.

– 번짐 현상에 의해 스팀밀크 위에 크레마가 얹혀진다.

6 5와 같은 방식으로 로스터기의 상단 부분을 그린다.

7~8 이어서 로스터기의 하단부를 그린다.

9~10 나머지 부분을 그리고 마무리한다.

– 샘플러의 경우 먼저 그리면 번질 수 있으므로 마지막에 그린다.

핵심 4 process

스팀밀크와 커피를 부어 깨끗하게 정리하기

크레마를 스푼으로 떠서 스팀 밀크 위에 살짝 올리기

로스터기 상단 부분 그리기

로스터기 하단 부분 그려 완성하기

라테아트란

이효숙 바리스타 - **즐거움**

입의 즐거움에 눈의 즐거움을 더한 커피의

즐거움(taste+style = pleasure of the coffee)이다.

화 분

1
2
3
10
4
9
5
8
7
6

Etching process

1 스팀밀크를 잔의 높이 3/4 정도까지 채운다.

2 벨크리머에 추출한 에스프레소를 스팀밀크의 중앙에 붓는다.

3 스팀밀크를 부어서 잔의 나머지 부분을 채운다.

- 깨끗하게 정리가 안 된 경우에는 스푼으로 폼을 떠서 얹는다.

4 크레마를 스푼으로 떠서 스팀밀크의 폼 위에 살짝 올려놓는다.

- 번짐 현상에 의해 스팀밀크 위에 크레마가 얹혀진다.

5 크레마로 중앙 부분에서 시작해서 아래쪽으로 내려가면서 화분의 형태를 그린다.

- 화분의 위쪽에 간격을 띄어주고 원형의 크레마를 얹는다.

6 원형의 뒤쪽에 에칭 기구를 담가 사방에서 중앙으로 들어가면서 꽃의 형태를 만든다.

7 스팀밀크를 떠서 중앙 부분에 얹어 꽃 봉우리를 표시한다.

8~9 에칭 기구로 크레마를 깊게 찍어서 아래서 위로 올려주면서 줄기를 그린다.

10 9의 양 옆으로 잎을 그리고 마무리한다.

핵심 4 process

스팀 밀크와 커피를 부어 깨끗하게 정리하기

크레마로 화분 형태 그리기

원형의 뒤쪽에 에칭 기구 담가 사방에서 중앙으로 들어가며 꽃의 형태 만들기

아래서 위로 올려주면서 줄기 그리기

라테아트란

송훈 바리스타 - **창작의 매개체**

우리나라 바리스타들의 창작성을 표현하는 하나의 매개체이다.

눈사람

1
2
3
4
5
6
7
8
9
10

크레마를 중앙에 얹어 몸통과 머리 그리기

모자와 손 부분 그리기

에칭 기구로 밀크 폼을 떠 눈, 코, 입, 단추 그리기

에칭 기구로 손 모양 표현하기

바리스타 | 송훈

미국스페셜티커피협회 커핑 심사위원(저지)
2010 WBC 국가대표선발전 Head Judge
2010 세계바리스타 한국 대표선발전 심사위원
에스프레소 교육담당
WBC 국제심판(2009~2010)
WBC 미국 아틀란타대회 본선 심사위원(2009)
WBC 국가대표 선발전 대회 코디네이터 및 심사위원장(2008~2009)
바리스타 1급 자격시험 준비위원
현재 전주기전대학 겸임교수
단국대학교 평생교육원 커피전문과정 강사

커피스쿨

서울특별시 마포구 상수동 145-1 영빈빌딩 4층, ☎ 02-332-9101

난(蘭)

1
2
3
10
蘭
4
9
5
8
7
6

1 스팀밀크를 잔의 높이 3/4 정도까지 채운다.

2 벨크리머에 추출한 에스프레소를 스팀밀크의 중앙에 붓는다.

3~4 스팀밀크를 부어서 잔의 나머지 부분을 채운다.

 – 깨끗하게 정리가 안 된 경우에는 스푼으로 폼을 떠서 얹는다.

5~7 에칭 기구를 깊게 담가서 크레마로 큰 난의 모양을 그린다.

 – 아래쪽은 깊이 담갔다가 밖으로 빼면서 들어주어 가늘게 표시한다.

8 에칭 기구를 얕게 담가서 크레마로 아래쪽 작은 난의 모양을 그린다.

9 에칭 기구를 깊게 담가서 크레마로 아래쪽 풀의 모양을 눌러 그린다.

10 에칭 기구를 깊게 담가서 한자로 蘭을 써주고 마무리한다.

핵심 4 process

커피를 중앙모으기로 부어주기

밀크 폼을 펴서 표면을 깨끗하게 만들기

에칭 기구를 깊게 담가 크레마로 난 그리기

아래쪽 풀의 모양 눌러 그리고 한자 쓰기

라테아트란

장용철 바리스타 - 그림엽서

이제는 잊었지만 한 땐 나에게 꽃이었던 여인과 나누던 그림엽서이다.

대나무(竹)

竹

핵심 4 process

커피를 중앙모으기로 부어주기

밀크 폼을 펴서 표면을 깨끗하게 만들기

에칭 기구를 깊게 담가서 크레마로 대나무 모양 그리기

에칭 기구를 얕게 담가서 대나무의 얇은 가지 그리기

바리스타 | 장용철

바리스타 2급 인증시험 실기평가위원
소상공인 경영개선교육 바리스타 과정 주임교수
백석문화대학교 바리스타전공 출강
백석예술대학교 바리스타전공 출강
현재 백석문화대학교 평생교육원 커피 주임교수

지붕 아래 커피

1
2
3
4
5
6
7
8
9
10

Etching process

1 스팀밀크를 잔의 높이 3/4 정도까지 채운다.

2 벨크리머에 추출한 에스프레소를 스팀밀크의 중앙에 붓는다.

3 스팀밀크를 부어서 잔의 나머지 부분을 채운다.

 – 깨끗하게 정리가 안 된 경우에는 스푼으로 폼을 떠서 얹는다.

4~5 스푼으로 크레마를 떠서 번짐 효과를 이용해 지붕의 모양을 그린다.

 – 지붕을 두껍게 표시한다.

6~7 에칭 기구를 얇게 담가서 크레마로 지붕 아래에 잔의 형태를 그린다.

8 6과 같은 방식으로 담가서 잔의 아래쪽에 받침의 모양을 그린다.

9~10 에칭 기구를 깊게 담가 손잡이를 찍고 옆으로 뉘여서 넓게 커피를 표현하고 마무리한다.

핵심 4 process

스팀 밀크를 부어 깨끗하게 정리하기 | 스푼으로 크레마를 떠서 번짐효과 이용 지붕 모양 그리기 | 에칭 기구를 얇게 담가 잔의 형태 그리기 | 잔 받침 모양도 그리기

라테아트란?

채선주 바리스타 - 여유

커피가 주는 작은 사치이다.

06

크로키 에칭

Croquis Etching

일반적으로 라테아트 캐릭터, 스케치라고도 한다. 기본 하트를 응용하는 기술로 꾸준한 연습을 통해 표현하고자 하는 아트를 체득화하고 특징을 잡아 빠르게 그려주는 작업이 중요하다. 푸어링인 하트와 로제타 과정 중에 병행하면 재료의 활용성을 높일 수 있다.

06 Latte Art basic

크로키 에칭 Croquis Etching

회화에서 초안, 스케치, 밑그림 등의 뜻을 지닌 기법상의 용어로 속사화로 순화 표현한다. 시간이 지남에 따라 온도가 떨어지고, 향미의 변화가 진행되므로 연습을 통해 최단시간에 표현하는 게 중요하다(기본은 하트에서 시작한다 : 하트 연습과정 중 진행).

기초디자인의 시연

1. 하트의 형태를 푸어링으로 그린다.
2. 크레마를 에칭 툴로 찍어서 중앙 부분에 코의 형태를 그린다(남자를 길게).
3. 크레마를 찍어서 눈썹을 표현한다(여자의 속눈썹을 그린다).

핵심 4 process

크로키 에칭의 연습방법

난 그림에 소질이 없어? 에칭은 포기해야겠다!

라테아트는 미적인 소질이 중요한 것이 아닌 반복을 통한 숙달이다.

연습장에 펜으로 그린 그림이 폼 위에 크레마로 그린 그림으로 변형되는 것이므로 연습을 통해 그림에 대한 표현력과 속도를 높여 보길 바란다.

고양이

1
2
3
10
4
9
5
8
7
6

1 중앙에 하트를 띄우거나, 스푼으로 폼을 떠 얹어서 원 모양을 만든다.
  - 카푸치노의 원형에 가까운 형태로 만들어 준다.

2~3 에칭 기구를 1의 위쪽에 담가서 밀크 폼을 묻혀 밖으로 빼준다.
  - 빼주며 들어 올려서 귀 형태를 만든다(크레마가 자동으로 귓속이 된다).

4~5 에칭 기구를 크레마에 깊이 담가 눈을 그린다.
  - 깊이 눌렀다가 옆으로 반원 형태로 빼면서 표현한다.

6 에칭 기구의 끝부분에 크레마를 살짝 묻혀서 수염뿌리를 그린다.

7~8 에칭 기구를 깊이 담가 크레마를 묻히고 수염뿌리 옆에 수염을 그린다.
  - 눈과 비슷한 형태로 밖으로 나가면서 에칭 기구를 들어준다.

9 크레마를 집중적으로 찍어서 사용한 부분에 밀크 폼을 얹어준다.

10 9의 밀크 폼 위에 크레마를 찍어서 발과 발톱을 그리고 마무리한다.
  - 발톱은 에칭 기구를 깊이 담가 크레마를 묻히고 밖으로 빼면서 들어준다.

핵심 4 process

고양이 얼굴 위에 에칭 기구로 눈과 귀 그리기

크레마를 살짝 묻혀 수염뿌리 그리기

수염뿌리 옆에 수염 그리기

발 모양 만들고 마무리하기

라테아트란?

김은지 바리스타 - 인연

커피에 사랑을 담아 고객에게 드리면 그 사랑이 다시 정으로 돌아와 가족이 된다.

병아리

1
2
3
10
4
9
5
8
7
6

1~2 중앙에 하트를 띄우거나, 스푼으로 폼을 떠 얹어서 원형의 형태를 만든다.

- 카푸치노의 원형에 가까운 형태로 만들어 준다.

3~4 폼의 오른쪽 뒤쪽에 에칭 기구를 깊이 담가서 안으로 넣어준다(병아리의 꼬리 부분을 표현).

5~6 에칭 기구를 깊이 담가 크레마를 찍어서 원형의 중앙 부분에 날개를 그린다(아래쪽에도 날갯죽지를 표현).

7~8 에칭 기구를 깊이 담가 크레마를 찍고 눈 부분을 그린다.

- 눈 부분에 대고 에칭 기구를 천천히 깊이 넣어준 후 가볍게 빼준다.

9~10 에칭 기구로 크레마를 깊이 담가 눈의 앞부분 위 · 아래로 V자 형태를 그려 마무리한다(병아리의 부리를 표현).

핵심 4 process

폼의 오른쪽 뒤쪽에 에칭 기구를 깊이 담가 안으로 넣어주기

원형의 중앙 부분에 날개 그리기

눈 부분 그리기

병아리의 부리 표현하고 마무리하기

바리스타 | 박근형 · 김은지

바리스타 8년차 부부, 커피마리오 대표
유럽바리스타 Level 1&2 인증서
바리스타2급 인증서,
BAU Barista Championship 심사위원
CIK Latte Art Championship 심사위원
SCAC대회 심사위원, 지적장애인 대회 심사위원
한국바리스타챔피언십(KBC) 심사위원

커피마리오

서울특별시 영등포구 신길6동 3741-38 동화빌딩 1층, ☎ 070-4417-0111

곰돌이

designed by **mario**

1
2
3
10
4
9
5
8
7
6

Etching process

1~4 중앙에 하트를 띄우거나, 스푼으로 폼을 떠 얹어서 원 모양을 만든다.
- 카푸치노의 원형에 가까운 형태로 만들어 준다.
- 밀어 넣기 기법을 활용하여 입과 귀를 바로 그리기도 한다.

5 스푼으로 폼을 떠서 머리의 위쪽에 2개의 원을 얹어서 귀 부분을 그린다.

6 에칭 기구를 크레마에 깊이 담갔다가, 귀 안쪽에서 꾹 눌러주고 반원 형태로 돌려준다.

7 에칭 기구를 크레마에 깊이 담가, 주둥이 위쪽 근처에 코를 눌러서 그린다.

8 에칭 기구의 끝부분에 크레마를 살짝 묻혀서 코에서 시작해서 U자로 입을 그린다.

9 에칭 기구를 크레마에 깊이 담가, 주둥이 근처에서 코를 중심으로 눈을 눌러 그린다.
- 눈썹은 에칭 기구의 끝부분에 크레마를 살짝 묻혀서 점 형태로 작게 그린다.

10 크레마를 집중적으로 찍어서 사용한 부분에 밀크 폼을 얹고 발을 그려 마무리한다(발은 선택사항).

핵심 4 process

곰돌이의 얼굴 형태 만들기

머리 위쪽에 2개의 원을 얹어 귀 그리기

에칭 기구를 이용 코와 입 만들기

눈과 눈썹 그리기

라테아트란

김난일 바리스타 - **도화지**

바리스타의 노력과 열정을 표현할 수 있는 흰 도화지 같은 공간이다.

돼지

1
2
3
10
4
9
5
8
7
6

Etching process

1~2 중앙에 하트를 띄우거나, 스푼으로 폼을 떠 얹어서 원 모양을 만든다.

- 카푸치노의 원형에 가까운 형태로 만들어 준다.
- 밀어 넣기 기법을 활용하여 코와 입을 표현한다.

3~4 에칭 기구를 밀크 폼의 위쪽에 담가 S자 형태로 빼내면서 귀를 그린다.

- 밀크 폼의 안쪽이 자동으로 귓속이 된다.

5 에칭 기구로 크레마를 깊게 떠서 가운데 반원에 돼지 코를 그린다.

6 에칭 기구로 크레마를 깊게 떠서 눈의 형태를 얹어준다.

7 왼쪽 눈은 크레마 - 폼 - 크레마 순으로, 오른쪽 눈은 크레마로 윙크하는 모습을 그린다.

8 에칭 기구로 크레마를 찍어서 눈썹을 그린다.

9~10 크레마를 집중적으로 찍어서 사용한 부분에 밀크 폼을 얹고 발을 그려 마무리한다(발은 선택 사항).

핵심 4 process

밀어 넣기 기법을 활용 돼지 얼굴 만들기(폼을 떠서 그리기도 가능)

에칭 기구로 폼의 위쪽에 S자 형태로 빼내면서 귀 그리기

눈의 형태 만들기

발을 그려 마무리하기

라테아트란?

김효진 바리스타 - **달콤함**

나의 패기와 열정으로 그려진 달콤함(sweetness)이다.

뽀로로

1
2
3
4
5
6
7
8
9
10

Etching process

1~3 중앙에 하트를 띄우거나, 스푼으로 폼을 떠 얹어서 원 모양을 만든다.

- 카푸치노의 원형에 가까운 형태로 만들어 준다.

4 에칭 기구를 밀크 폼의 위쪽에 담가 밀고 파인 부분을 메워준다.

- 스푼으로 밀크 폼을 떠서 얹어도 된다.

5 에칭 기구로 크레마를 깊게 떠서 헬멧의 구분선과 안경을 그린다.

6 에칭 기구로 크레마를 살짝 떠서 눈의 형태를 그린다.

7 에칭 기구로 크레마를 깊게 떠서 헬멧의 구멍을 그린다.

8 이어서 헬멧의 구분선 부분을 직선으로 그려 표시한다.

9~10 에칭 기구로 크레마를 깊게 떠서 입을 그리고 마무리한다.

핵심 4 process

중앙에 하트 띄우기

파인 부분을 메우고 헬멧의 구분선과 안경 그리기

크레마를 깊게 떠서 헬멧의 구멍 그리기

헬멧의 구분선 부분을 직선으로 그려 표시

라테아트란

양주은 바리스타 - 마약

마약을 한 번도 안 해 본 사람은 그 중독성을 모르듯, 라테아트에 한 번이라도 손을 댄 사람은 쉽게 헤어나오질 못하게 만드는 마약 같다.

마시마로

Mashimaro

1~3 중앙에 하트를 띄우거나, 스푼으로 폼을 떠 얹어서 원 모양을 만든다.

- 카푸치노의 원형에 가까운 형태로 만들어 준다.
- 원 모양에서 살짝 아래로 내려 빼면서 코의 형태를 그린다.

4~5 에칭 기구를 밀크 폼의 위쪽에 담고 밖으로 살짝 빼내면서 귀를 그린다.

- 밀크 폼의 안쪽이 자동으로 귓속이 된다.

6 크레마를 깊이 찍어 밀크 폼의 중앙 하단에 코를 옆으로 찍어준다.

- 마시마로 얼굴의 중심을 잡아준다.

7~8 크레마를 깊이 찍어 옆으로 —형태로 양쪽 눈을 그린다.

9 에칭 기구로 밀크 폼을 찍어서 팔을 그린다.

10 밀크 폼을 찍어서 몸을 그리고 마무리한다.

핵심 4 process

중앙에 하트를 띄어 원 모양 만들기

살짝 아래로 내려 빼 코의 형태 만들기

위쪽 밀크 폼을 밖으로 살짝 빼내 귀 그리기

밀크 폼을 찍어 몸을 그리고 마무리하기

바리스타 | 이현순

유럽바리스타 Level 1&2 인증서
바리스타 2급 인증서
커피평가사 교육 수료
에스프레소 과정 수료
핸드드립 과정 수료
로스팅 과정 수료
엉클커피컬리지 교육강사
현재 도곡동 카페 탄자니아 대표

카페 탄자니아

서울특별시 강남구 도곡동 963 럭키상가 110호. ☎ 02-574-3303

판 다

Panda

1 중앙에 하트를 띄우거나, 스푼으로 폼을 떠 얹어서 원 모양을 만든다.
 - 카푸치노의 원형에 가까운 형태로 만들어 준다.

2~3 에칭 기구를 밀크 폼의 위쪽에 담고 밖으로 반원의 형태로 빼내면서 귀를 그린다.
 - 밀크 폼의 안쪽이 자동으로 귓속이 된다.

4~5 에칭 기구로 크레마를 깊게 떠서 사선으로 양쪽 눈의 외형의 형태를 그린다.

6~7 에칭 기구로 밀크 폼을 떠서 눈의 형태를 넣어준다.

8 에칭 기구로 크레마를 살짝 떠서 눈동자의 형태를 그린다.

9 양 눈의 가운데 부분에 에칭 기구로 크레마를 깊게 떠서 옆으로 길게 코를 그린다.

10 크레마를 집중적으로 찍어서 사용한 부분에 밀크 폼을 얹고 발을 그려 마무리한다(발은 선택사항).

핵심 4 process

중앙에 하트를 띄워 밀크 폼의 위쪽에 반원 형태로 빼내 귀 만들기

사선으로 양쪽 눈의 외형 그리기

밀크 폼으로 눈의 형태 넣기

크레마로 눈동자 만들기

라테아트란

최원재 바리스타 - **도전**

바리스타로 성장하기 위한 끝없는 도전이다.

사랑 그리고 이별

1
2
3
4
5
6
7
8
9
10

Etching process

1~2 중앙에 하트를 띄우거나, 스푼으로 폼을 떠 얹어서 하트의 형태를 만든다.

3~4 에칭 기구로 크레마를 깊게 떠서 하트의 중앙을 지그재그로 갈라준다.

- 깨진 하트의 형태를 표현한다.

5 에칭 기구로 크레마를 깊게 찍어 왼편에 반원 형태의 눈썹을 그린다.

- 에칭 기구로 크레마를 깊게 떠서 아래서 위쪽으로 올리면서 눈물의 형태를 그린다.

6 눈썹의 왼쪽에 크레마로 귀의 형태를 그린다.

7 에칭 기구로 크레마를 깊게 찍어 남자 눈썹의 형태를 그린다.

8 에칭 기구를 옆으로 뉘여 크레마를 면에 묻혀 아래쪽을 없애 코를 표현한다.

9 에칭 기구로 크레마를 깊게 찍어 입의 형태를 그린다.

10 눈썹의 왼쪽에 크레마로 귀의 형태를 그리고 마무리한다.

핵심 4 process

중앙에 하트 띄우기

하트의 중앙을 지그재그로 가르기

왼쪽, 오른쪽 각각의 눈썹 그리기

크레마를 면에 묻혀 아래쪽을 지워 코 표현하기

라테아트란?

양진호 바리스타 - **데코레이션**

좋은 음식을 더 돋보이게 하는 데코레이션이라고 생각한다.

춤추는 호랑나비

1
2
3
4
5
6
7
8
9
10

중앙에 하트 띄우기

하단에 작은 폼 얹기

더듬이 그리고 꼬리 부분 만든 후 날개 표현하기

하단 밀크 폼도 작은 나비로 그리기

바리스타 | 양진호

뎀셀브즈 로스터즈 블렌딩 마스터

다수의 커피 관련 세미나 주최

현재 ELCAFE 대표

EL CAFE

서울특별시 마포구 서교동 481-2, ☎ 070-8269-0715

사랑은… 음악을 타고

1
2
3
4
5
6
7
8
9
10

4~5 에칭 기구로 크레마를 깊게 떠서 음표의 머리를 만든다.

6~7 이어서 에칭 기구를 살짝 찍어서 음표의 몸체를 만든다.

- 같은 방식으로 8분 음표를 완성한다.

8 에칭 기구로 크레마를 살짝 찍어서 음표의 머리 부분에 실선을 그린다.

- 음표의 머리 부분 실선을 중심으로 해서 위, 아래쪽에도 실선을 그린다.

9~10 에칭 기구로 밀크 폼을 깊게 떠서 잔의 빈 공간 부분에 이니셜을 새기고 마무리한다.

핵심 4 process

중앙에 하트 띄우기

크레마로 음표 머리 만들기

8분 음표 완성하기

크레마 살짝 찍어서 실선 그리기

바리스타 | 이효숙

바리스타 2급 인증시험 실거평가위원 역임
현재 더 쏠 커피교육학원 원장
coffee the sol 대표이사
한양여대 외식산업학과 강사
서울여대 평생교육원 커피바리스타 과정 지도 교수
백석문화대학 바리스타학과 강사
저서 : 바리스타가 알고 싶은 커피학(한국커피전문가협회, 2011)

더 쏠 커피 아카데미

서울특별시 광진구 자양동 550-1 301호, ☎ 02-461-5461

산타클로스

1
2
3
4
5
6
7
8
9
10

1 중앙에 하트를 띄우거나, 스푼으로 폼을 떠 얹어서 원 모양을 만든다.

- 카푸치노의 원형에 가까운 형태로 만들어 준다.
- 밀어 넣기 형태로 두 번째 밀어 넣기를 해주다가 빼서 모자를 표현하기도 한다.

2 에칭 기구로 밀크 폼을 찍어서 모자의 끝 부분에 원형의 털 뭉치를 그린다.

3~5 에칭 기구로 크레마를 깊게 찍어서 모자의 아래 부분에 반원 형태의 얼굴을 그린다.

- 양쪽을 그리고 가운데 부분을 비운다.

6 에칭 기구로 크레마를 깊이 찍어 코를 그린다.

7 6의 코 아래 부분에 크레마를 깊이 찍어 눌러 입을 그린다.

8 에칭 기구로 크레마를 깊이 찍어 양쪽 눈을 그린다.

9 에칭 기구로 밀크 폼을 찍어서 눈동자를 표현한다.

10 에칭 기구로 크레마를 깊이 찍어서 눈의 위쪽에 양쪽 눈썹을 그리고 마무리한다.

핵심 4 process

중앙에 하트를 띄우고 상단에 밀어 넣기를 해서 모자 표현하기(폼을 떠서 그리기도 가능)

밀크 폼을 찍어 모자 끝 부분에 원형 털 뭉치 그리기

크레마로 반원 형태 얼굴 그리고 코와 입 만들기

밀크 폼 찍어 눈동자 만들고 양쪽 눈썹 그리기

바리스타 | 김주희

SCAE Level 1, 2
바리스타 1, 2급 인증서
엉클커피 컬리지 강사
영등포 여성인력개발센터 강사

연 인

designde by 엄성진

Couple

Etching process

1 중앙에 하트를 띄우거나, 스푼으로 폼을 떠 얹어서 하트의 형태를 만든다.

2 에칭 기구로 크레마를 깊게 찍어서 가운데 부분을 가르면서 남녀의 코와 입의 형태를 그린다.

- 오른쪽 부분을 남자로, 왼쪽 부분을 여자로 그린다.

3 에칭 기구로 크레마를 깊게 찍어서 오른쪽 부분에 남자의 눈과 입을 그린다.

4~6 에칭 기구로 크레마를 깊게 찍어서 3에 머리와 귀를 그린다.

7 에칭 기구로 크레마를 깊게 찍어서 여자의 눈과 눈썹을 그린다.

- 속눈썹은 위쪽으로 올려서 표현한다.

8~10 에칭 기구로 크레마를 깊게 찍어서 여자의 머리 스타일과 귀를 그려 마무리한다.

- 여자의 머리는 웨이브를 크게 준다.

핵심 4 process

중앙에 하트 띄우기

가운데 부분을 가르며 남녀의 코와 입 형태 그리기

오른쪽 부분에 남자의 머리와 귀 그리기

왼쪽 부분에 여자의 눈과 눈썹, 머리와 귀를 그려 마무리하기

라테아트란

엄성진 바리스타 - **재미난 놀이**

누구든 함께 행복해하며 할 수 있는 것이기에 재미난 놀이이다.

흰둥이

1
2
3
10
4
9
5
8
7
6

Etching process

1 중앙에 하트 인 하트의 원형을 띄우거나, 스푼으로 폼을 떠 얹어서 하트 인 하트의 형태를 만든다.

2 에칭 기구의 끝 부분에 크레마를 묻혀서 얼굴의 형태를 구름의 반원 형태로 그린다.

3 에칭 기구의 끝 부분에 크레마를 묻혀서 양쪽 눈썹과 눈을 그린다.

4 에칭 기구의 끝 부분에 크레마를 묻혀서 옆으로 굴곡을 주어 코를 그린다.

5 코의 아래 부분에 비슷한 크기로 입을 그린다.

6~7 에칭 기구의 끝 부분에 크레마를 묻혀서 얼굴의 아래에 몸과 다리를 그린다.

8 에칭 기구의 끝 부분에 크레마를 깊이 묻혀서 한 번에 꼬리를 그린다.

9 7과 동일한 방법으로 얼굴의 양쪽에 옆으로 길게 귀를 그린다.

10 그림의 외곽을 핀휠-스핀(pinwheel-spin)식으로 그려 흔적을 없애고 마무리한다.

핵심 4 process

중앙에 하트 인 하트 띄우기(폼을 떠서 그리기도 가능)

크레마를 묻혀 얼굴, 몸, 다리 그리기

꼬리와 양쪽 귀 그리기

외곽을 핀휠-스핀식으로 그려 마무리

라테아트란

유현숙 바리스타 - 연장선

작업할 때보다 좀 더 숙고하게 되고 뜻하지 않은 결과물에 흐뭇해지는 연장선이다.

커피 한 잔 어때요?

designed by 유현숙

How about a cup of coffee?

Etching process

1 중앙에 옆으로 원형을 띄우거나, 스푼으로 폼을 떠 얹어서 원 모양을 만든다.

– 카푸치노의 원형에 가까운 형태로 만들어 준다.

2~3 폼을 떠서 코의 형태를 얹어준다.

4 에칭 기구로 크레마를 떠서 입과 코의 형태를 그린다.

5~7 이어서 눈과 눈썹, 수염의 형태를 그린다.

– 에칭 기구로 찍어서 빼면서 반원의 형태를 그린다.

– 이어서 입의 형태를 그린다.

8~10 에칭 기구를 깊게 담가서 머리 부분에 모자의 형태를 그린다.

– 에칭 기구를 깊게 담가서 귀와 귓속을 그려주고 마무리한다.

핵심 4 process

중앙에 옆으로 원형 띄우기

크레마를 떠서 입과 코의 형태 그리기

눈과 눈썹, 수염 형태 그리기

모자 형태 만들고 귀와 귓속 그리기

바리스타 | 유현숙

바리스타 경력 2년차
라테아트 과정 수료
전 카페 보노 대표
애니유 프로덕션 대표 애니메이션 기획, 제작

하트 베개를 든 토끼

1
2
3
4
5
6
7
8
9
10

Etching process

1 중앙에 옆으로 원형을 띄우거나, 스푼으로 폼을 떠 얹어서 원 모양을 만든다.
   – 카푸치노의 원형에 가까운 형태로 만들어 준다.

2 에칭 기구로 크레마를 깊게 찍어서 토끼의 양쪽 귀와 귓속을 그린다.

3 이어서 반원으로 얼굴의 형태를 그린다.

4 에칭 기구의 끝 부분에 크레마를 묻혀 눈을 그린다.

5~6 눈의 아래쪽에 코와 볼터치를 한다.

7 얼굴의 아래에 하트의 형태를 그린다(하트 베개의 표현).

8~9 하트의 오른쪽 부분에 팔 - 몸통 - 다리 - 꼬리 순으로 그려준다.

10 하트의 왼쪽에 작은 하트와 팔을 그리고 마무리한다.

핵심 4 process

중앙에 옆으로 원형 띄우기

크레마를 깊게 찍어 토끼의 양쪽 귀와 귓속 그리기

얼굴 아래 하트 형태 그리기

하트 오른쪽 부분에 팔 – 몸통 – 다리 – 꼬리 순으로 그리기

바리스타 I 이철훈

바리스타 경력 8년차
핸드드립 과정 수료
라테아트 과정 수료
로스팅 과정 수료
커피놀이터 배 라테아트 경연대회 1위
(2010년 제6회)
콩 볶는 집 고양이 똥 매장 수석 바리스타
현재 종각 21 제과제빵 커피학원
바리스타 강사/과장

07

기초 푸어링과 하트 스타일

짧은 시간에 커피에 우유를 혼합하면서 부어주고 잔을 세워주는 것만으로도 가장 효과적으로 표현할 수 있는 하트, 일그러지지 않는 사람이 되도록 마음을 담아 보자.

07 Latte Art basic

기초 푸어링과 하트 스타일

푸어링(pouring)은 퍼붓는 듯한, 잇따라 쏟아져 나오는 붓기, 주입을 말하는 것으로 칵테일에서 온 더 락 글라스에 제공될 때 얼음 위에 술을 붓는 방법처럼 커피에서 커피 잔에 제공될 때 추출된 커피 위에 스팀밀크를 붓는 방법이다. 안정적인 추출과 스티밍, 잔의 기울이기, 안정화(채워주기), 붓는 지점, 낙차의 조절, 유속의 이해, 줄기 조절 등 기초적인 기술의 이해가 필요한 부분이다.

중요한 것은 낙차를 줄여야 크레마 위에 아트가 그려지는데, 스팀피처의 주입구에서 나오는 스팀밀크의 형태가 크레마 표면과 정삼각형에 가까워야 제대로 형태가 나타난다.

스팀피처의 주입구에서 나오는 스팀밀크의 형태

바르지 않은 경우 / 바른 경우

스팀피처의 방향에 따라 달라지는 그림의 위치

주입구가 왼쪽으로 휘어져 그림이 오른쪽으로 치우친 경우

스팀피처가 잔을 중심으로 주입구 중앙에 위치한 경우

주입구가 오른쪽으로 휘어져 그림이 왼쪽으로 치우친 경우

Tip 하트의 크기 조절

하트의 크기 조절은 안정화의 정도와 붓는 위치, 푸어링의 강약에 따라 변화한다.

하트 크기가 큰 경우

안정화는 적게 해주고 처음에 붓는 지점을 위쪽(몸쪽에 가깝게)으로 하며 유속은 강하게 한다.

하트 크기가 작은 경우

안정화는 많이 해주고 처음에 붓는 지점을 중앙 쪽으로 하며 유속은 천천히 한다.

하 트

1
2
3
4
5
6
7
8
9
10

Etching process

1~4 잔을 기울여 주고, 스팀밀크로 중앙모으기를 한다.

- 잔의 크기, 형태, 스팀밀크 폼의 두께에 따라 상이하지만 1/2~3/4까지 안정화시킨다.

5~6 잔을 더 기울여 낙차를 줄이고 잔의 아래쪽(몸 쪽) 1/2의 1/2 지점에 스팀피처를 붙인다.

- 크레마와 스팀피처의 입구에 삼각형 형태의 줄기를 만들어준다.

7 스팀피처를 붙인 채 스팀피처의 뒤쪽을 들어주면서 붓는다.

8 스팀피처의 상태는 그대로 유지하고 형태를 보면서 잔을 서서히 세운다.

9~10 스팀피처를 적당한 높이로 들어 줄기를 가늘게 유지하면서 전진하여 형태를 완성한다.

핵심 4 process

잔을 기울이고 스팀 밀크로 중앙모으기

스팀피처의 뒤쪽을 들어주면서 붓기

형태를 보면서 잔 서서히 세우기

줄기를 가늘게 유지 전진하여 형태 완성하기

라테아트란?

김사홍 바리스타 - **패션**

커피에 멋진 옷을 입히는 것이다.

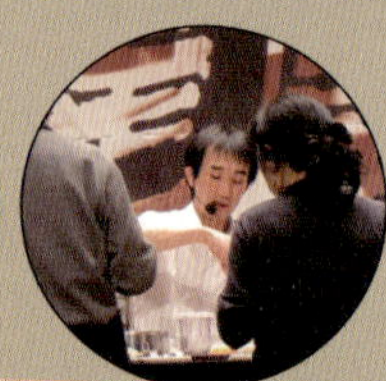

더블 하트

1
2
3
10
COFFEE
TEMPLE
4
9
5
8
7
6

1~4 잔을 기울여 주고, 스팀밀크로 중앙모으기를 한다.

- 잔의 크기, 형태, 스팀밀크 폼의 두께에 따라 상이하지만 3/4 이상으로 안정화시킨다.
- 안정화를 많이 시키지 않으면 하트가 일그러지거나 깔끔하지 않을 수도 있다.

5~6 하트를 잔의 위쪽(몸 쪽)에 그린다.

- 기존의 하트와 동일한 방식으로 그린다.

7~10 위쪽 하트를 마무리하고 이어서 바로 아래쪽 부분으로 내려가서 하트를 그린다.

- 위쪽의 하트가 작아지지 않도록 스팀피처를 최대한 가까이 붙이고 빨리 마무리한다.

핵심 4 process

잔을 기울이고 스팀밀크로 중앙 모으기

하트를 잔의 위쪽에 그리기

이어서 바로 아래에 하트 그리기

스팀피처 최대한 가까이 붙이고 재빨리 마무리하기

라떼아트란?

신채용 바리스타 - **디자이너**

커피라는 패션을 완성시키는 디자이너이다.

사 과

1
2
3
10
4
9
5
8
7
6

1~3 잔을 기울여 주고, 스팀밀크로 중앙모으기를 한다.

- 잔의 크기, 형태, 스팀밀크 폼의 두께에 따라 상이하지만 3/4 이상으로 안정화시킨다.
- 안정화를 많이 시키지 않으면 하트가 일그러지거나 깔끔하지 않을 수도 있다.

4~6 하트를 잔의 위쪽(몸 쪽)에 그린다.

- 기존의 하트와 동일한 방식으로 그린다.

7~8 위쪽 하트를 마무리하고 이어서 바로 아래쪽 부분으로 내려가서 원형을 그린다.

- 위쪽의 하트가 작아지도록 스팀피처를 최대한 가까이 붙이고 붓는다.

9~10 아래쪽 부분은 카푸치노의 원형에 가깝도록 스팀피처의 뒤쪽을 들어 크게 부어 마무리한다.

- 스팀밀크가 빨려 들어가는 현상에 의해 위쪽의 하트가 작아져 사과의 형태가 된다.

핵심 4 process

잔을 기울이고 스팀밀크로 중앙 모으기

하트를 잔의 위쪽에 그리기

이어서 바로 아래에 원형 그리기

스팀피처의 뒤쪽을 들어 크게 부어 마무리하기

바리스타 | 김사홍 · 신채용

제1회 KCABC 챔피언 3위
제1회 아시아 바리스타 챔피언십
- 대표 선발전 챔피언 4위
- 대표 선발전 라테아트 챔피언

제3회 KCABC 준우승
제5회 KBC 대회 챔피언/본선
제7회 KBC 3위
KBC for WBC(2010) 준우승
각종 시연, 커피 관련 책자 연재, 교육경력
2012 WSBC 단체전/개인전 2위
현재 대한민국 최고의 부부 바리스타
커피템플 공동대표

커피템플

서울특별시 마포구 상암동 1605 누리꿈스퀘어 r100호, ☎ 02-2132-8051

토 끼

1
2
3
4
5
6
7
8
9
10

Etching process

1~2 더블 하트의 형식으로 토끼의 귀와 얼굴을 그린다.

- 위쪽의 하트는 핸들링을 주어서 귀의 결 형태를 만들어 준다.
- 아래쪽의 하트는 빼지 않고 원의 형태로 마무리한다.

3~4 에칭 기구로 크레마를 깊이 찍어서 눈을 그린다.

5~6 **3~4**와 동일한 방식으로 코를 그린다.

7~8 에칭 기구로 크레마를 살짝 찍어서 입을 U자의 웃는 형태로 그린다.

9~10 에칭 기구로 크레마를 깊이 찍어서 양쪽 수염을 그리고 마무리한다.

- 에칭 기구를 안쪽에서는 깊이 눌렀다가 밖으로 빼면서 들어준다.

핵심 4 process

더블 하트 형식으로 토끼 귀와 얼굴 그리기

크레마를 깊이 찍어 눈 그리기

코 그리고 U자의 웃는 형태 입 그리기

양쪽 수염 그리고 마무리하기

라테아트란?

이철훈 바리스타 - **과제와 취미**

바리스타로서 도전 과제이자 즐길 수 있는 취미이다.

Tip 기본적인 하트 만들기

푸어링만으로 기초 하트가 그려진다면 이제는 핸들링(handling)으로 하트의 여러 가지 패턴을 그려보도록 하자. 낙차를 조절하고 일정한 간격을 유지하면서 부드러운 움직임만으로도 각각의 스타일을 표현할 수 있다. 로제타와 프리 푸어링(free pouring)의 기초가 되므로 집중력이 필요한 단계이다.

1 잔은 바닥에 붙이고 손잡이는 배꼽 위치에 둔다.

2 잔을 45° 정도로 숙여 준다.

3 2/3 정도가 차면 스팀피처를 잔에 붙인다(딱 소리 확인, 지점은 몸 쪽 중앙에서 1/2 위치).

4 천천히 부어주면서 잔을 세운다.

5 마지막에 7cm 정도 높이로 들어서 빠르게 전진한다.

6 꼬리를 만들고 완성한다.

하트 스타일 1

1
2
3
4
5
6
7
8
9
10

Etching process

1 잔을 기울여 주고, 스팀밀크로 중앙모으기를 한다.

- 잔의 크기, 형태, 스팀밀크 폼의 두께에 따라 상이하지만 1/2~3/4까지 안정화시킨다.

2 잔을 더 기울여 낙차를 줄이고 잔의 아래쪽(몸 쪽) 1/2의 1/2 지점에 스팀피처를 붙인다.

- 크레마와 스팀피처의 입구에 삼각형 형태의 줄기를 만들어 준다.

3~4 스팀피처를 붙인 채 스팀피처의 뒤를 들어주면서 흔든다.

- 1cm 정도의 간격을 유지하면서 4번 정도 흔들어 주고 핸들링을 멈춘다.

5~7 스팀피처의 상태는 그대로 유지하고 잔 속을 보면서 부어주며 잔을 서서히 세운다.

8~10 스팀피처를 적당한 높이로 들어 줄기를 가늘게 유지하면서 전진하여 형태를 완성한다.

핵심 4 process

잔을 기울여 낙차를 줄이고 잔의 아래쪽 1/2의 1/2지점에 스팀피처 붙이고 흔들기

스팀피처의 뒤를 들면서 4~5회 흔들어 주기

흔들기를 멈추고 부어서 하트를 만들며 잔 세우기

줄기 가늘게 유지하면서 전진하여 형태 완성하기

바리스타 | 양주은

2015 SWEET KOREA 커피 아로마 컨테스트
본선 진출
백석예술대학교 재학 중
현재 커피아저씨 행주점 바리스타

하트 스타일 2

Heart style 2

Etching process

1 잔을 기울여 주고, 스팀밀크로 중앙모으기를 한다.

- 잔의 크기, 형태, 스팀밀크 폼의 두께에 따라 상이하지만 1/2~3/4까지 안정화시킨다.

2 잔을 더 기울여 낙차를 줄이고 잔의 아래쪽(몸 쪽) 1/2의 1/2 지점에 스팀피처를 붙인다.

- 크레마와 스팀피처의 입구에 삼각형 형태의 줄기를 만들어준다.

3 스팀피처를 붙인 채 스팀피처의 뒤를 들어주면서 붓는다.

4~7 스팀피처를 좌우로 일정하게 흔들어 주면서 부어주며 잔을 서서히 세운다.

- 잔이 거의 다 차면, 1cm 정도의 간격을 유지하면서 4~5번 정도 흔들어 주고 핸들링을 멈춘다.

8~10 스팀피처를 적당한 높이로 들어 줄기를 가늘게 유지하면서 전진하여 형태를 완성한다.

핵심 4 process

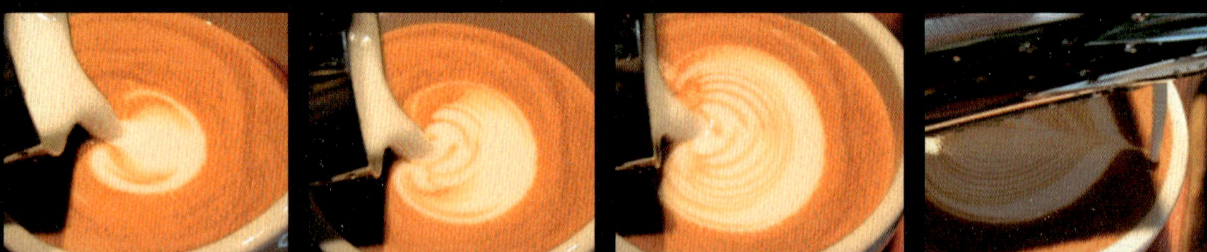

스팀피처 붙인 채로 뒤를 들면서 붓기 / 스팀피처 좌우로 일정하게 흔들어 주기 / 잔을 서서히 세우기 / 줄기를 가늘게 유지하면서 전진하여 형태 완성하기

라테아트란?

여상원 바리스타 - **맛 좋은 떡**

보기 좋은 떡이 맛도 좋다는 말처럼,
보기 좋은 커피가 맛도 더 좋겠죠.

하트 스타일 3

Heart style 3

Etching process

1 잔을 기울여 주고, 스팀밀크로 중앙모으기를 한다.

- 잔의 크기, 형태, 스팀밀크 폼의 두께에 따라 상이하지만 1/2~3/4까지 안정화시킨다.
- 잔을 더 기울여 낙차를 줄이고 잔의 아래쪽(몸 쪽) 1/2의 1/2 지점에 스팀피처를 붙인다.
- 크레마와 스팀피처의 입구에 삼각형 형태의 줄기를 만들어 준다.

2~7 스팀피처를 붙인 상태를 유지하고 스팀피처의 뒤를 들어주면서 흔든다.

- 1cm 정도의 간격을 유지하면서 처음부터 끝까지 좌우 핸들링을 유지한다.
- 스팀피처의 상태는 그대로 유지하고 잔 속을 보며 흔들면서 잔을 서서히 세운다.

8~10 스팀피처를 적당한 높이로 들어 줄기를 가늘게 유지하면서 전진하여 형태를 완성한다.

핵심 4 process

잔을 기울여 낙차를 줄이고 잔의 아래쪽 1/2의 1/2지점에 스팀피처 붙이고 흔들기

처음부터 끝까지 좌우 핸들링 유지하기

잔 속을 보며 흔들면서 잔 서서히 세우기

줄기 가늘게 유지하며 전진하여 형태 완성하기

바리스타 | 여상원

백석예술대학교 커피바리스타 전공 졸업
유럽바리스타 Level 1&2 인증서
2013 ABWG 본선진출
2013 BAU 라테아트 챔피언십 우승
2015 KLAC 라테아트 국가대표 선발전 10위
현재 크레이저 커피 그룹 Latte Art Director

Tip 수전증 문제의 대처

수전증 치료의 가장 빠른 방법은 병원에서의 약물치료방법이지만 경험과 숙달을 통해서 고쳐 나가보도록 하자.

사람이라면 누구나 환경의 변화나 시선의 집중 앞에서는 긴장을 하게 되고, 심장박동이 빨라지게 되면서, 아드레날린 분비 등으로 라테아트에 집중하기가 더 어려워진다.

어떻게 해야 할까? 시중에 나온 마인드 컨트롤 관련 책자를 보며 마음을 다스려도 보고 부단한 연습과 사람들 앞에서 시연을 하다보면 상태가 호전되는 자신의 모습을 발견할 수 있다. 수전증에서만은 최고라고 자신하는 필자의 조언이니 믿어 의심치 말고 도전해 보자.

수전증으로 인한 깔끔하지 않고 비대칭인 결과물

수전증은 정신적 · 육체적인 문제로 인한 폐해로 두 가지가 동시일 경우에는 라테아트 결과물이 위의 사진들처럼 깔끔해지지 않고 비대칭의 결과를 초래할 수 있다. 따라서 스팀피처를 들고 마무리하는 게 힘들 경우 잔을 내려서 마무리하는 방법을 연습하여 자신의 문제를 극복할 수도 있다.

스팀피처를 들고 마무리하지 않고 잔을 내려 마무리하는 방법

하트 인 하트 1

1
2
3
10
COFFEE
TEMPLE
4
9
5
8
7
6

Etching process

1~3 잔을 기울여 주고, 스팀밀크로 중앙모으기를 한다.

- 잔의 크기, 형태, 스팀밀크 폼의 두께에 따라 상이하지만 1/2~3/4까지 안정화시킨다.

4 잔을 더 기울여 낙차를 줄이고 잔의 아래쪽(몸 쪽) 1/2의 1/2 지점에 스팀피처를 붙인다.

- 크레마와 스팀피처의 입구에 삼각형 형태의 줄기를 만들어 준다.
- 스팀피처를 붙인 채 스팀피처의 뒤를 들어주면서 붓는다.

5 1차로 하트의 외형을 만들어 주고 멈춘다(마무리를 하지 않는다).

6~7 1차 하트와 동일한 방법으로 두 번째 하트를 붓는다(부어주는 곳 동일).

- 부어 주는 것과 동시에 잔을 서서히 세운다.

8~10 스팀피처를 적당한 높이로 들어 줄기를 가늘게 유지하면서 전진하여 형태를 완성한다.

핵심 4 process

잔을 기울이고 스팀밀크로 중앙 모으기

1차로 하트의 외형 만들고 멈추기

두 번째 하트 부어주기

줄기를 가늘게 유지하며 전진하여 형태 완성하기

Tip 밀어 넣기를 이용한 하트 인 하트

하트 인 하트의 붓는 지점을 조정하여 푸어링을 하는 것을 밀어 넣기라고도 한다. 하트와 동일한 지점에서 부어주면 하트 인 하트 1이 되고, 중앙에서 부어주면 하트 인 하트 2가 되며 하단에서 부어주면 하트 인 하트 3처럼 더 많은 하트를 만들 수 있다.

하트 인 하트 1

상단에서 붓기

하트 인 하트 2

중앙에서 붓기

하트 인 하트 3

하단에서 붓기

밀어 넣기 디자인

데미타세 밀어 넣기

밀어 넣기 13단

밀어 넣기 3단

밀어 넣기 응용

하트 인 하트 2

1
2
3
4
5
6
7
8
9
10

- 1차로 하트의 외형을 만들어 주고 멈춘다.

4~8 1차 하트와 동일한 방법으로 2, 3, 4차로 하트를 붓는다(점점 작게).

- 부어주는 것과 동시에 잔을 서서히 세운다.

9~10 스팀피처를 적당한 높이로 들어 줄기를 가늘게 유지하면서 전진하여 형태를 완성한다.

핵심 4 process

중앙모으기 하고 잔의 1/2에 하트 부어주기

1차로 하트 외형 만들고 멈추기

동일한 방법으로 2, 3, 4차 하트 만들기

줄기 가늘게 유지하며 전진하여 형태 완성하기

바리스타 | 주선욱

백석예술대학교 평생교육원 초청강사
백석문화대학교 바리스타학과 초청강사
KBC 스텝 총괄팀장
UC Latte Art대회 2위
CIK 초청강사
2014 동계교사 직무연수 보조강사
Coffee Bridge Latte Art Instructor

하트 인 하트 3

1
2
3
4
5
6
7
8
9
10

1 잔을 더 기울여 낙차를 줄이고 잔의 위쪽(바깥쪽)의 1/2 지점에 스팀피처를 붙인다.

- 크레마와 스팀피처의 입구에 삼각형 형태의 줄기를 만들어 준다.
- 스팀피처를 붙인 상태를 유지하며 스팀피처의 뒤를 들어주면서 붓는다.
- 1차로 하트의 외형을 만들어 주고 멈춘다.

2~8 1차 하트와 동일한 방법으로 2, 3, 4, 5, 6차로 하트를 붓는다(점점 작게).

- 부어주는 것과 동시에 잔을 서서히 세운다.

9~10 스팀피처를 적당한 높이로 들어 줄기를 가늘게 유지하면서 전진하여 형태를 완성한다.

핵심 4 process

중앙모으기 하고 잔의 1/2의 1/2 아래쪽에 1차로 하트 외형 만들고 멈추기

크레마와 스팀피처의 입구에 삼각형 형태의 줄기 만들며 밀어 넣어 붓기

동일한 방법으로 4, 5, 6차 하트 만들기

줄기를 가늘게 유지하며 전진하여 형태 완성하기

바리스타 | 박금숙

바리스타 2급 인증서, 라테아트 교육 수료
로스팅 교육 수료
백석문화대 평생교육원 강의
커피아저씨 근무 교육실장
현재 영등포 여성인력개발센터 핸드드립, 라테아트, 카페메뉴 계좌제 전임강사

사랑 ing

1
2
3
10
La Caffè
4
9
5
8
7
6

Etching process

1 잔을 기울여 주고, 스팀밀크로 중앙모으기를 한다.

- 잔의 크기, 형태, 스팀밀크 폼의 두께에 따라 상이하지만 1/2까지 안정화시킨다.

2~3 잔의 1/2 지점에서 하트 인 하트와 같은 방식으로 아래 부분을 만들어 준다.

4~6 간격을 띄고 위쪽에 별도의 작은 하트를 만들어 준다.

7 에칭 기구로 크레마를 깊게 찍어서 아래쪽 하트의 중앙 부분에 코를 그린다.

- 왼쪽을 작게 오른쪽을 길게 표현한다(여자의 코를 작게, 남자의 코를 크게).

8 에칭 기구로 크레마를 적게 찍어서 왼쪽에 눈썹을 먼저 그린다.

9 속눈썹을 그린다(여자는 속눈썹을 표현).

10 오른쪽에 눈썹을 그리고 마무리한다.

핵심 4 process

하트 인 하트와 같은 방식으로 아래 부분 만들기

간격을 띄고 위쪽에 별도의 작은 하트 만들기

크레마를 깊게 찍어 하트 중앙에 코 그리기

눈썹 그리고 마무리하기

라테아트란

방정호 바리스타 - **희노애락**

라테아트는 커피의 희노애락을 담는다.

청새치

1
2
3
10
4
9
5
8
7
6

2 잔을 더 기울여 낙차를 줄이고 손잡이의 위쪽인 1시 지점에 스팀피처를 붙인다.

– 잔에서 1cm 정도 띄우고 크레마와 스팀피처의 입구에 삼각형 형태의 줄기를 만든다.

3 1시 지점에서 천천히 부어주어 유속의 흐름을 최소화해서 기본 하트를 만든다.

– 강하게 부으면 웨이브의 형태가 되거나 더 많이 밀어 넣을 수 있다.

4~5 일정한 간격을 유지하면서 밀어 넣기를 진행한다.

6~8 잔을 적당히 채우면서 밀어 넣기를 하고 들어서 마무리한다(주둥이의 형태).

9~10 에칭 기구로 크레마를 깊이 떠서 눈을 표현해 준다.

핵심 4 process

낙차를 줄이고 1시 지점에 하트 외형 붓기

강약을 조절하며 밀어 넣기 식으로 붓기

부어주면서 잔 세우기

줄기를 가늘게 유지하며 전진하여 형태 완성하기

바리스타 | 채선주

경희대학교 일반대학원 조리외식 경영학과 석사
바리스타 2급 인증서, 바리스타 1급
바리스타 2급 실기 평가위원
한국직업능력개발원 커피 국가자격인증제 심사위원
한국바리스타 챔피언십 심사위원(2008, 2009, 2011년)
장안대학, 서울 호서전문학교, 서울 예술전문학교, 한국항공전문학교 등 출강경력
현재 지붕아래커피 디렉터, 커피지도사

08

로제타

Rosetta

라테아트의 꽃이라면 단연 로제타를 꼽는다. 이 디자인 하나에 라테아트의 모든 것이 들어 있다고 해도 과언이 아니다. 집중 집중!

08 Latte Art basic
로제타 Rosetta

로제타(rosetta, 나뭇잎)는 라테아트의 중심이라고 할 수 있으며 로제타를 완성하는 것만으로도 정상의 위치에 우뚝 설 수 있어서 바리스타들이 열정을 쏟아부어 연습하는 디자인이다.

로제타를 어렵게 생각할 필요는 없다. 결국은 하트(heart)의 연장선이기 때문이다. 물론, 밀크 폼의 두께, 잔의 형태, 부어주는 지점 등 여러 요소에 따라 변화도가 있을 수 있지만 기본적인 로제타의 형태는 하트 스타일의 변형으로 생각하고 시작을 하트의 시작점인 상단에서 중단으로 위치를 조정하여 채워주고 나간다는 생각으로 연습을 하면 된다. 커피는 추출하는 바리스타에 따라 맛의 스타일에 변화가 있다. 핸드드립 커피가 내리는 사람에 따라 그 맛이 변하는 것처럼 라테아트도 바리스타에 따라 그 형태의 차이가 있다. 여러 가지 로제타 형태를 실전을 통해 연습해 보고 자신만의 로제타 스타일을 완성해 보자.

커피 위에 떠 있는 한 장의 나뭇잎으로 커피를 천천히 음미하며 자연의 운치를 느낄 수 있는 서비스를 제공해 볼까?

로제타 기초

1
2
3
10
4
9
5
8
7
6

Etching process

1 잔을 기울여 주고, 스팀밀크로 중앙모으기를 한다.

– 잔의 크기, 형태, 스팀밀크 폼의 두께에 따라 상이하지만 1/2~3/4까지 안정화시킨다.

2 잔을 더 기울여 낙차를 줄이고 잔의 중앙(1/2 지점)에 스팀피처를 붙인다.

- 크레마와 스팀피처의 입구에 삼각형 형태의 줄기를 만들어 준다.

3~5 스팀피처를 붙인 상태를 유지하고 스팀피처의 뒤를 들면서 흔들어 준다.

- 핸들링의 시작점은 하트의 외형이 퍼져 보이는 순간부터이다.

6~7 핸들링으로 하트의 형태가 완성되면 그 상태를 유지하면서 밖으로 빼준다.

8~10 스팀피처를 적당한 높이로 들어 줄기를 가늘게 유지하면서 전진하여 형태를 완성한다.

- 부어주고 마무리하면 하트 형태가 되고 낙차를 주면서 마무리하면 뾰족해진다.

핵심 4 process

크레마와 스팀피처 입구에 삼각형 형태의 줄기 만들기

스팀피처의 뒤를 들면서 흔들어 주기

하트 형태가 완성되면 상태 유지하며 밖으로 빼기

줄기를 가늘게 유지하며 전진하여 형태 완성하기

Tip 하트 스타일 응용 로제타 스타일 만들기

구분	사진	내용
하트 스타일 1		결을 밖에 넣고 푸어링으로 하트의 안을 무반동으로 채워주는 단계로 하트의 외곽에 결이 들어간 것을 재인식한다.
하트 스타일 2		무반동으로 하트의 외곽을 만들고 하트의 내부에 결을 넣어주고 마무리했는데, 스타일 2의 하트를 하다 하트가 다 차면 앞으로 나오는 게 로제타이다.
하트 스타일 3		결을 처음 시작부터 핸들링으로 넣기 시작해서 마무리할 때까지 이어주는 하트로 중앙에서 시작해서 핸들링을 하고 하트가 완성되어 나오면 결이 많은 로제타가 된다.
기본 로제타		중앙에서 스타일 2를 시작하고 하트가 완성될 때까지 잔을 기울였다 다 차면 세우면서 흔들고 나오는 형태의 로제타로 형태가 안정적인 로제타이다.
발전형 로제타		스타일 3을 기본으로 시작하다가 결 하트가 어느 정도 그려졌을 때 안으로 밀어 넣기 식으로 들어갔다가 빠져나오면 외곽을 감싸주는 형태의 로제타가 된다.

로제타 스타일 1

Rosetta Style 1

Etching process

스티밍 작업을 카푸치노와 라테의 중간 두께로 하고, 핸들링은 부드럽게 하는 방법이다.

1~5 잔을 기울여 주고, 스팀밀크로 중앙모으기를 한다.

- 안정화를 잔의 1/2 정도까지 시킨다.

6 잔을 더 기울여 낙차를 줄이고 잔의 위쪽(바깥쪽) 1/3 지점에 스팀피처를 붙인다.

- 크레마와 스팀피처의 입구에 삼각형 형태의 줄기를 만들어 준다.

7 하트의 외형을 선명하고 크게 그리면서 좌우로 핸들링을 시작한다.

8 잔을 전체적으로 가득 채우면서 아래쪽으로 내려온다.

9~10 스팀피처를 적당한 높이로 들어 줄기를 가늘게 유지하면서 전진하여 형태를 완성한다.

핵심 4 process

잔을 더 기울여 낙차 줄이기

하트 외형을 선명하고 크게 그리면서 좌우로 핸들링 시작하기

잔을 전체적으로 가득 채우면서 아래쪽으로 이동하기

줄기를 가늘게 유지하며 전진하여 형태 완성하기

라테아트란

안재혁 바리스타 - **과거**

커피의 길을 걸으면서 지나온 과거이다.

로제타 스타일 2

1
2
3
4
5
6
7
8
9
10

Etching process

스티밍 작업을 라테보다 조금 두꺼운 두께로 하고, 핸들링은 빠르게 하는 방법이다.

1~2 잔을 기울여 주고, 스팀밀크로 중앙모으기를 한다.

- 안정화를 잔의 1/2 정도까지 시킨다.

3 잔을 더 기울여 낙차를 줄이고 잔의 중앙지점(1/2)에 스팀피처를 붙인다.

- 크레마와 스팀피처의 입구에 삼각형 형태의 줄기를 만들어 준다.

4 처음부터 좌우로 핸들링을 시작한다.

5~6 핸들링이 끊기지 않도록 일정하게 유지하면서 몸 쪽으로 내려온다.

7~10 스팀피처를 적당한 높이로 들어 줄기를 가늘게 유지하면서 전진하여 형태를 완성한다.

핵심 4 process

처음부터 좌우로 핸들링 시작하기

핸들링이 끊기지 않게 유지하기

몸 쪽으로 이동하기

줄기를 가늘게 유지하며 전진하여 형태 완성하기

라테아트란?

박근형 바리스타 - **소풍**

주문이 들어오면 설레임이, 만들면서 행복하고 완성해서 나가면 아쉬움이 남는다.

로제타 스타일 3

1
2
3
10
4
9
5
8
7
6

스티밍 작업을 부드러운 라테의 두께로 하고, 핸들링은 중반부까지 일정하게, 후반부는 느리게 하는 방법이다.

1~2 잔을 기울여 주고, 스팀밀크로 중앙모으기를 한다.

- 안정화를 잔의 2/3~3/4 정도까지 시킨다.

4 잔을 더 기울여 낙차를 줄이고 잔의 중앙 지점(1/2)에 스팀피처를 붙인다.

- 크레마와 스팀피처의 입구에 삼각형 형태의 줄기를 만들어 준다.

5 처음부터 좌우로 핸들링을 시작한다(몸통 상단은 살짝 밀어주기 식).

6 핸들링이 끊기지 않도록 일정하게 유지하면서 몸 쪽으로 내려온다.

- 유속 흐름이 후반부에 느려지지 않는다.

7~8 스팀밀크의 줄기를 가늘게 유지하면서 늘리기 식으로 부드럽게 핸들링한다.

- 마지막에 부어주고 하트의 형태가 나오게 마무리한다.

9~10 스팀피처를 적당한 높이로 들어 줄기를 가늘게 유지하면서 전진하여 형태를 완성한다.

정경우 바리스타만의 로제타 스타일

이 방식을 보고 안다고 해서 똑같이 만들 수는 없다. 그러나 수많은 연습을 하게 되면 비슷하게 만들 수 있고 결국은 자신의 로제타 스타일을 갖게 된다.

1 박자 : 슥슥슥슥~탁!!

2 유속 : 후반부의 유속은 빠르게 한다.

3 파지 : 상단의 파지(스팀피처의 고정은 검지로 하며, 앞에서가 아닌 옆에서 그려 나간다)

4 추출과 크레마 : 추출은 정량, 크레마를 띄워서 컬러를 조절한다.

5 과정 : 전체적으로 앞으로 들어가는 게 아니라 잔 기울임을 시작으로 죽죽 늘려준다. 팔의 움직임보다는 손목 전체의 느낌으로 몸 앞 10cm에서 팔이 뒤로 빠진다.

라테아트란?

정경우 바리스타 - **예술**

바리스타가 표현하는 가장 아름답고 다양한 작품으로, 인정받을 수 있는 커피의 예술품이다.

09

웨이브 & 토네이도
Wave & Tornado

안정적인 로제타의 응용 로제타를 잔의 옆면에 그려준다는 생각으로 처음 푸어링을 조금 강하게 해주면서 스팀밀크의 흐름으로 잔을 돌려준다. 흐르는 강물처럼~

Latte Art basic

09 웨이브 & 토네이도 Wave & Tornado

웨이브(wave)가 파도, 물결의 뜻을 가진 것처럼 기본적인 잔의 형태는 하단부가 둥그런 형태의 반원에 가까우므로 잔의 한 부분에 강하게 부어주면 그 방향으로 회전을 하게 되어 있다.

낙차와 유속, 핸들링을 활용해서 역동적인 움직임을 표현해 보도록 하자.

웨이브의 기본

잔 돌려서 웨이브 넣기

웨이브 하트

토네이도 하트

웨이브 로제타

웨이브 하트 인 하트

웨이브 하트

1
2
3
10
4
9
5
8
7
6

Etching process

1 잔을 기울여 주고, 스팀밀크로 중앙모으기를 한다.

- 잔의 크기, 형태, 스팀밀크 폼의 두께에 따라 상이하지만 1/2 정도까지 안정화시킨다.

2 잔을 더 기울여 낙차를 줄이고 손잡이의 반대쪽인 3시 지점에 스팀피처를 붙인다.

- 잔에서 1cm 정도 띄우고 크레마와 스팀피처의 입구에 삼각형 형태의 줄기를 만들어 준다.

3 3시 지점에서 강하게 부어주면 유속의 흐름이 발생한다.

- 반대 방향인 11시~9시 방향에 돌아가는 흐름이 보이게 된다.

4 3의 흐름이 보일 때 일정한 간격으로 좌우 핸들링을 한다.

- 처음 부었던 지점인 3시 지점까지 올 때까지 그 자리에서 핸들링을 유지한다.

5~6 핸들링을 이어서 아래쪽으로 내려온다.

7~10 하트를 만들어 주고, 스팀피처를 적당한 높이로 들어 줄기를 가늘게 유지하면서 전진하여 형태를 완성한다.

핵심 4 process

손잡이의 반대쪽 3시 지점에 스팀피처 붙이기

강하게 부어주어 유속의 흐름 발생시키기

핸들링을 이어서 아래로 내리기

하트 만들기

라테아트란

박지상 바리스타 - 추억

그림 한 작품을 그릴 때마다 나타나는 즐거움은 곧 나의 추억으로 간직된다.

Tip 웨이브 하트(잔 돌리기)

안정화를 할 때 회전을 작게 스팀 밀크의 양은 적게 한다. 웨이브를 줄 때 푸어링은 강하게 하고 낙차를 잘 조절, 핸들링 간격은 일정하게 1cm 정도를 유지해 준다. 잔을 오른쪽으로 돌릴 때(우잔 돌리기)는 기본 박자 1, 2(안정화), 3(붓고), 4(고정 핸들링), 5(이동 핸들링), 6(들어서 끌기), 7(붓고), 8(들어서 마무리) 순으로 진행한다.

1, 2 안정화할 때 원을 시계 방향으로 작게 2바퀴 돌린다.

3 방향은 11시에서 9시 사이로 하고 잔 벽면에서 조금 띄운 곳에 피처를 숙이며 강하게 부어준다.

4 12~1시 방향 사이가 돌아가는 게 보이면 핸들링을 시작하여 흐름이 손잡이까지 올 때까지 제자리에서 핸들링한다.

5 아래로 더 내려가면서 핸들링한다.

6 들어서 끌고 중앙으로 내려간다.

7, 8 낙차를 줄여서 하트를 그린다.

9 하트 끝을 뾰족하게 만들며 마무리한다.

토네이도 하트

1
2
3
4
5
6
7
8
9
10

3시 지점에서 강하게 부어주기

흐름이 보일 때 일정한 간격으로 좌우 핸들링하기

흐름이 3시 지점에 올 때까지 핸들링하기

하트 만들기

바리스타 | 박지상

커피교육 경력 7년차
세종대학교 외식경영 학사
한국커피협회 필기감독/실기평가 위원
홍익대학교 가비애 카페 컨설팅(오픈바이저)
커피 관련 자격증 10종 보유
각종 바리스타 & 카페부스 행사 진행
현재 서울 컨벤션 고등학교 바리스타 교사

서울 컨벤션 고등학교

웨이브 로제타

Wave rosetta

1 잔을 기울여 주고, 스팀밀크로 중앙모으기를 한다.

- 잔의 크기, 형태, 스팀밀크 폼의 두께에 따라 상이하지만 1/2 정도까지 안정화시킨다.

2 잔을 더 기울여 낙차를 줄이고 손잡이 쪽인 9시 지점에 스팀피처를 붙인다.

- 잔에서 1cm 정도 띄우고 크레마와 스팀피처의 입구에 삼각형 형태의 줄기를 만들어 준다.

3 3시 지점에서 강하게 부어주면 유속의 흐름이 발생한다.

- 반대 방향인 1~3시 방향에 돌아가는 흐름이 보이게 된다.

4 **3**의 흐름이 보일 때 일정한 간격으로 좌우 핸들링을 한다.

- 처음 부었던 9시 지점까지 올 때까지 그 자리에서 핸들링을 유지한다.

5~6 흐름이 9시 지점에 올 때 그 자리에서 멈추고 중앙에서 로제타를 그린다.

- 1cm 정도의 간격으로 로제타를 작게 그린다.

7~10 스팀피처를 적당한 높이로 들어 줄기를 가늘게 유지하며 마무리한다.

핵심 4 process

잔을 더 기울여 낙차 줄이기

흐름이 보일 때 일정한 간격으로 핸들링하기

중앙에 로제타 그리기

줄기를 가늘게 유지하며 마무리하기

라테아트란

복병수 바리스타 - **일기**

지나온 시간을 되돌아 볼 수 있고 앞으로 계속 채워 나가야 하는 일기이다.

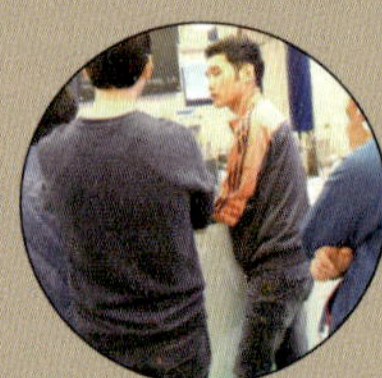

웨이브 하트 인 하트

1
2
3
10
4
9
5
8
7
6

잔을 더 기울여 낙차 줄이기

흐름이 보일 때 일정한 간격으로 좌우 핸들링하기

중앙에서 하트 인 하트하기

줄기를 가늘게 유지하며 마무리하기

바리스타 | 복병수

바리스타 경력 6년차

GCC 라테아트 교육이수

바리스타 2급 인증서

카페 비닷 바리스타

콩 부인 청담 헤드 바리스타

현재 아모르미오 매니저

아모르미오

서울특별시 관악구 봉천동 1679-7 태화빌딩 1층, ☎ 070-8229-1456

10

하트 & 로제타 콤비네이션

Heart & Rosetta Combination

라테아트의 디자인은 다양하지만 기본의 응용이고, 응용은 창작으로 이어지게 된다. 한 가지에 얽매이지 말고 여러 각도에서 기본 디자인을 결합해 보고 자신만의 디자인에 도전해 보도록 하자.

10 Latte Art basic

하트 & 로제타 콤비네이션

Heart & Rosetta Combination

하트, 로제타가 어느 정도 완성되었다면 이 둘의 결합으로 새로운 패턴의 디자인을 표현할 수 있다. 라테아트의 시작은 하트와 로제타이고, 그 끝도 하트와 로제타라고 할 수 있다. 연습을 하면서 대칭과 조화를 잘 살리고 점수를 매겨보자. 그 점수가 대회장으로 이어질 수 있음을 생각하면서.

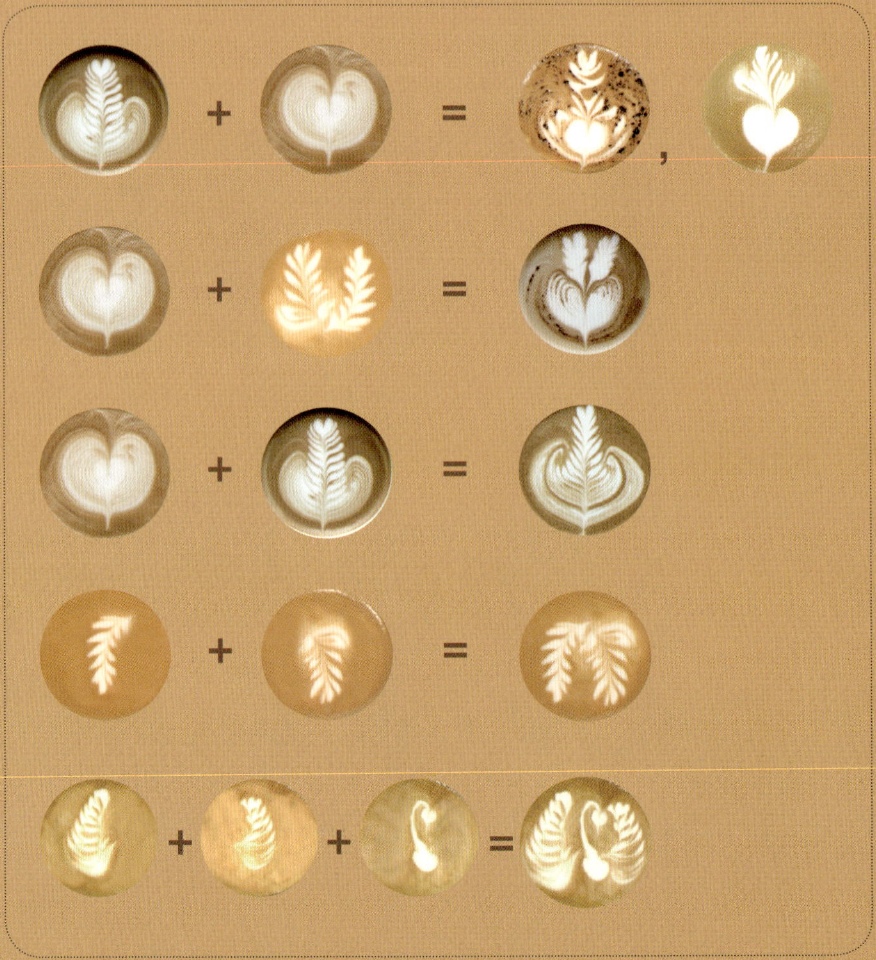

1~3 잔을 기울여 주고, 스팀밀크로 중앙모으기를 한다.

- 잔의 크기, 형태, 스팀밀크 폼의 두께에 따라 상이하지만 1/2 정도까지 안정화시킨다.

4~6 잔의 중앙에서 로제타를 그린다.

- 로제타의 후반부에 유속을 빨리 주면서 간격을 늘린다.
- 로제타의 중앙마무리는 하지 않는다.

7~8 로제타의 앞쪽 1/3 지점에 낙차를 줄이면서 부어주어 하트를 그린다.

- 과도한 핸들링을 하면 로제타가 빨려 들어갈 수 있으므로 적당히 한다.

9~10 스팀피처를 적당한 높이로 들어 줄기를 가늘게 유지하며 마무리한다.

핵심 4 process

스팀밀크로 중앙모으기

잔의 중앙에 로제타 그리기

로제타의 앞쪽에 하트 그리기

줄기를 가늘게 유지하며 마무리하기

라테아트란?

이유진 바리스타 - **수학**

수학 문제를 푸는 과정, 풀고 난 후에 느끼는 희열감이 라테아트를 연습할 때와 닮아 있다.

1
2
3
10
COFFEE
TEMPLE
4
9
5
8
7
6

잔의 상단부에 로제타 그리기

로제타를 작게 표현하기

앞쪽에 하트 만들기

줄기를 유지하며 전진하여 형태 완성하기

바리스타 | 김사홍 · 신채용

제1회 KCABC 챔피언 3위
제1회 아시아 바리스타 챔피언십
 – 대표 선발전 챔피언 4위
 – 대표 선발전 라테아트 챔피언
제3회 KCABC 준우승
제5회 KBC 대회 챔피언/본선
제7회 KBC 3위
KBC for WBC(2010) 준우승
각종 시연, 커피 관련 책자 연재, 교육경력
2012 WSBC 단체전/개인전 2위
현재 대한민국 최고의 부부 바리스타 커피템플 공동대표

커피템플

서울특별시 마포구 상암동 1605 누리꿈스퀘어 r100호, ☎ 02–2132–80

더블 알타리 무

1
2
3
10
4
9
5
8
7

Etching process

1 잔을 기울여 주고, 스팀밀크로 중앙모으기를 한다.

– 잔의 크기, 형태, 스팀밀크 폼의 두께에 따라 상이하지만 3/4 정도까지 안정화시킨다.

2~3 잔의 중앙에 스타일별 하트를 그려준다.

– 하트는 마무리를 하지 않는다.

4~6 하트의 사이에 밀어 넣기 식으로 로제타를 1개 작게 그려준다.

– 하트의 형태가 일그러지지 않도록 부드럽고 짧게 흔들어 준다.

7~8 옆에 작은 로제타 1개를 더 그려준다.

9~10 스팀피처를 적당한 높이로 들어 줄기를 유지하면서 하트까지 전진하여 형태를 완성한다.

– 양쪽의 무잎이 대칭이 잘 맞도록 그려준다.

핵심 4 process

잔의 중앙에 스타일별 하트 그리기

하트는 마무리하지 않기

하트 사이에 밀어 넣기 식으로 로제타 그리기

옆에 작은 로제타 1개 더 그리기

바리스타 | 이유진

백석예술대학교 바리스타학과 전공 졸업
유럽바리스타 Level 1&2 인증서
HBC대회 2위
CBI 커핑과정 수료
현재 커피아저씨(행주산성점) 바리스타

커피아저씨(행주산성점)

경기도 고양시 덕양구 행주내동 102-2 커피아저씨, ☎ 031-971-1999

문어

1
2
3
10
CAFÉ de JURA
If you love coffee
4
9
5
8
7
6

핵심 4 process

핸들링으로 알타리 무 형태 만들기

크레마를 깊이 찍어 눈 그리기

같은 방식으로 코 그리기

문어의 빨판 표현하기

바리스타 | 김명근

바리스타 경력 6년차
유럽바리스타 Level 1&2 인증서
바리스타 2급 인증서
커핑 교육수료
프렌차이즈 업체 라테아트 교육 강사 경력
카페 드 유라 근무(청담)
울산 킹콩커피 근무
현재 카페 리브레 바리스타

카페 리브레

서울특별시 마포구 연남동 227-15, ☎ 02-334-0615

하트 인 로제타

Heart in rosetta

Etching process

1 잔을 기울여 주고, 스팀밀크로 중앙모으기를 한다.

- 잔의 크기, 형태, 스팀밀크 폼의 두께에 따라 상이하지만 1/2~3/4까지 안정화시킨다.
- 잔을 더 기울여 낙차를 줄이고 잔의 아래쪽(몸 쪽) 1/2의 1/2 지점에 스팀피처를 붙인다.
- 크레마와 스팀피처의 입구에 삼각형 형태의 줄기를 만들어 준다.
- 스팀피처를 붙인 상태를 유지하고 스팀피처의 뒤를 들어주면서 흔들어 준다.

2 하트 스타일 3을 만들고 멈춘다.

3~4 2와 같은 지점에서 밀어 넣기 식으로 핸들링을 해서 스타일 3을 만든다.

5~7 하트 스타일 3이 그려진 상태에서 로제타로 들어간다.

8~10 스팀피처를 적당한 높이로 들어 줄기를 가늘게 유지하면서 전진하여 형태를 완성한다.

핵심 4 process

하트 스타일 3 만들기

같은 지점에서 밀어 넣기 식으로 스타일 3 만들기

하트 스타일 3이 그려진 상태에서 로제타 들어가기

줄기를 가늘게 유지하며 전진하여 형태 완성하기

바리스타 | 엄성진

2011 World Latte Art Championship in Korea 3위
2012 World Latte Art Championship in Korea 2위
2012 울산 Latte Art Championship 1위
2013 Compak Latte Art 왕중왕전 1위
2013 GNBC 경남 Latte Art Championship 1위
2013 SCAC 대한 커피협회 Latte Art 1위
2013 에스프레소 파츠 코리아 Latte Art 1위
2014 Q & A Latte Art Competition 1위
2014 대전 1st Latte Art Championship 1위
2014 1st Korea Team Barista Championship 1위
2014 World Latte Art Championship in Korea 3위
2015 2nd Korea Team Barista Championship 1위
2015 WSBC World Super Barista Championship 2위
2015 World Latte Art Championship in Korea 2위

웨이브 월계수

Wave bay tree

Etching process

1~3 잔을 기울여 주고, 스팀밀크로 중앙모으기를 한다.

- 잔의 크기, 형태, 스팀밀크 폼의 두께에 따라 상이하지만 1/2 정도까지 안정화시킨다.
- 잔을 더 기울여 낙차를 줄이고 손잡이의 반대쪽인 3시 지점에 스팀피처를 붙인다.
- 잔에서 1cm 정도 띄우고 크레마와 스팀피처의 입구에 삼각형 형태의 줄기를 만들어 준다.

4 3시 지점에서 강하게 부어주면 유속의 흐름이 발생한다.

5 반대 방향인 11시~9시 방향에 돌아가는 흐름이 보이게 된다.

6 흐름이 보일 때 일정한 간격으로 좌우 핸들링을 한다.

- 처음 부었던 3시 지점까지 올 때까지 그 자리에서 핸들링을 유지한다.

7~8 **6**의 상태가 완료되면 그 자리에서 로제타를 그린다.

9~10 스팀피처를 적당한 높이로 들어 줄기를 가늘게 유지하면서 전진하여 형태를 완성한다.

핵심 4 process

잔을 기울이고 스팀밀크로 중앙 모으기

유속의 흐름이 보일 때 일정한 간격으로 핸들링하기

로제타 그리기

줄기를 가늘게 유지하며 전진하여 형태 완성하기

라테아트란?

최철호 바리스타 - 연어

열정을 쏟아 노력하면 언젠가 '성취감'으로 되돌아온다.

낙엽

1
2
3
4
5
6
7
8
9
10

Etching process

1 잔을 기울여 주고, 스팀밀크로 중앙모으기를 한다.

- 잔의 크기, 형태, 스팀밀크 폼의 두께에 따라 상이하지만 1/2 정도까지 안정화시킨다.

2 첫 번째 로제타를 잔의 왼쪽에 중간 크기로 그린다.

- 로제타가 그려지면서 안정화가 된다.

3~4 이어서 잔의 중앙에 로제타를 그린다.

5~6 잔의 중앙에서 오른쪽에 로제타를 더 그린다.

7~8 잔을 살짝 돌려서 아래쪽에 작은 로제타를 그린다.

- 로제타가 뭉치지 않도록 낙차 조절을 해준다.

9~10 위쪽에 작은 로제타를 그리고 마무리한다.

핵심 4 process

잔의 중앙에 로제타 그리기

오른쪽에 로제타 더 그리기

잔을 살짝 돌려 아래에 작은 로제타 그리기

위쪽에 작은 로제타 그리고 마무리하기

바리스타 | 최철호

바리스타 경력 4년차
2012년 혜화 카페베네 입사 정직원 1년 근무
유럽바리스타 Level 1&2 인증서
CBI 커핑 과정 수료
CBI 라떼아트 인스트럭터
백석예술대학교 초청 강사
한국외식조리학교 초청 강사
현재 커피아저씨(행주산성점) 바리스타

월계관

1
2
3
10
4
9
5
8
7
6

6~8 이어서 오른편에 동일한 방법으로 로제타를 그린다.

- 1차 로제타에 이어서 2차를 그리거나, 흐름을 끊고 그려도 된다.

9~10 스팀피처를 적당한 높이로 들어 줄기를 가늘게 유지하면서 전진하여 형태를 완성한다.

핵심 4 process

하트의 형태가 나타나면 흔들어 주며 내려가기

오른편에 동일한 방법으로 로제타 시작하기

계속 로제타 그리기

줄기를 가늘게 유지하며 마무리하기

바리스타 | 안재혁

SCAE 바리스타 마스터
2005 네이버 라테아트 챔피언
2008 WLAC 6위
2008 KNBC 챔피언
2008 CBC 최종 우승
2010 WBC 15위
2010 KNBC 챔피언
현재 (주)엘티디 그룹 대표이사
고려직업전문학교 석좌교수
발아커피 주식회사 전문마스터
한국커피화학연구원 전문 연구원

COFFEE LEC

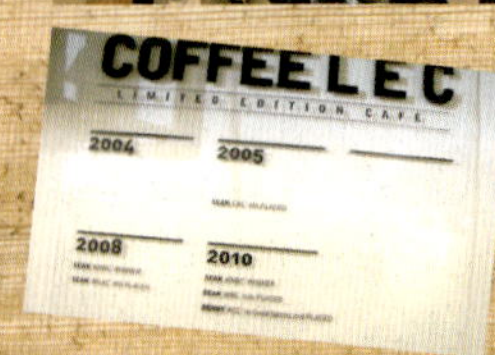

백 조

1
2
3
4
5
6
7
8
9
10

Etching process

1 잔을 기울여 주고, 스팀밀크로 중앙모으기를 한다.

- 잔의 크기, 형태, 스팀밀크 폼의 두께에 따라 상이하지만 3/4 정도까지 안정화시킨다.

2 잔을 더 기울여 낙차를 줄이고 잔의 오른쪽 1/3 지점에 스팀피처를 붙인다.

3~4 로제타 형식의 날개를 그려주고 스팀피처를 들어 내려가며 옆면을 그리면서 1차 마무리한다.

5~8 일정하게 간격을 띄고 왼편에 로제타 형식의 날개를 그린다.

- 간격을 띄지 않고 연결해서 그려도 된다.

9 이어서 두 날개 사이에 강하게 부어주어 몸통을 만들어 준다.

10 낙차를 조절하며 목의 형태를 만들고 위쪽으로 올려서 하트로 마무리한다.

핵심 4 process

일정한 간격 띄고 왼쪽 로제타 날개 그리기

오른쪽 로제타 날개 그리기

두 날개 사이에 강하게 부어주어 몸통 만들기

목의 형태 만들고 위쪽으로 올려 하트로 마무리하기

라떼아트란

박솔탐이나 바리스타 - **작품**

나를 표현하고 나만의 색채를 갖는 하나의 작품이다.

11

로테이션
Rotation

스팀밀크가 담겨 있는 스팀피처를 잡는 손의 핸들링 기술로만 디자인이 변화하는 것은 아니다. 잔을 잡고 있는 손의 핸들링까지 조합될 때 디자인의 다양성도 느껴보자.

11 Latte Art basic

로테이션 Rotation

지구는 둥글다! 지구는 자전한다!

로테이션(rotation)은 회전, 자전, 순환의 뜻이다. 잔도 위에서 보면 원의 형태이다. 손목과 팔의 움직임을 통해 돌릴 수 있고, 기존보다 회전을 통해 다양한 패턴의 디자인을 구사할 수 있게 된다. 자~ 돌리고! 돌리고!!

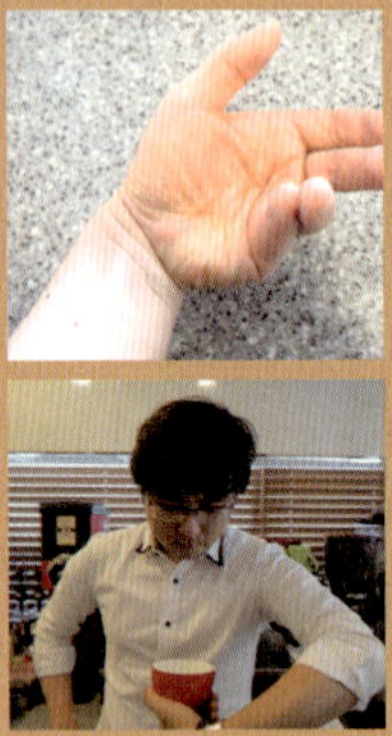

6시 방향

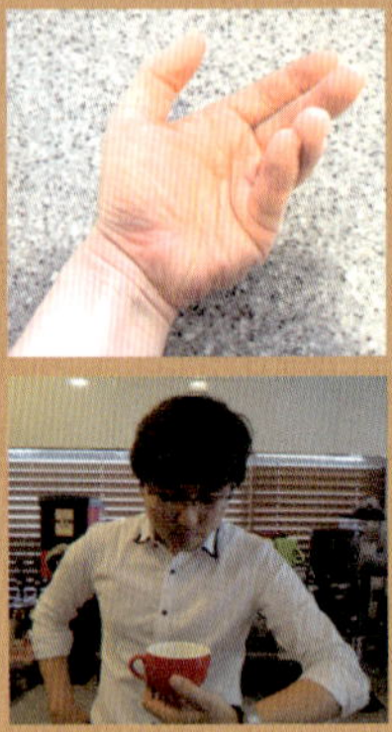

3시 방향

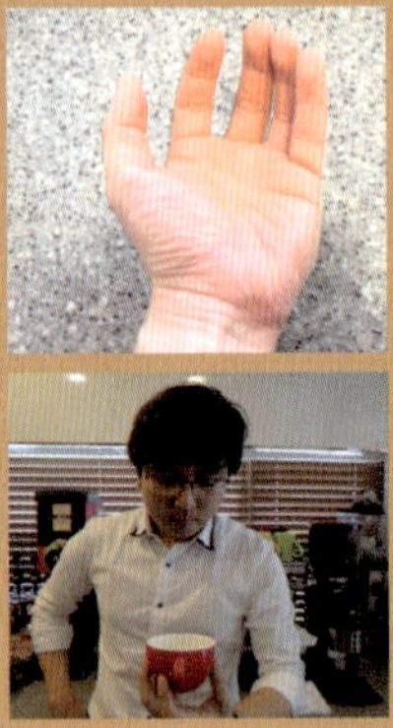

12시 방향

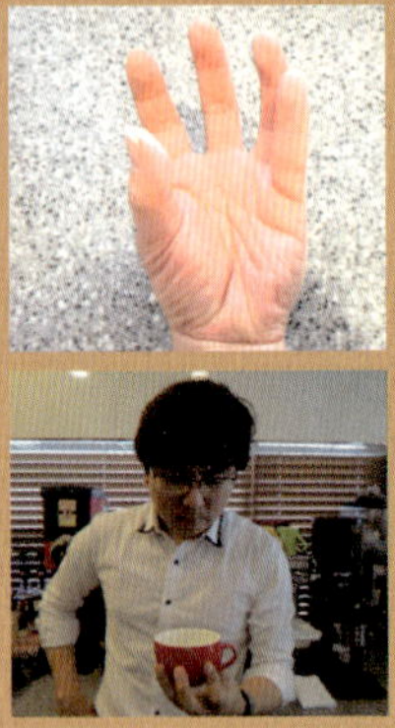

9시 방향

손목과 팔의 회전 각도(팔을 활용할 경우 손목보다 회전각도가 커진다)

로테이션 하트 + 하트

로테이션 로제타 + 하트

로제타 플라워

1
2
3
10
4
9
5
8
7
6

1 잔을 돌려 손잡이의 위치가 9시가 되게 잡았다가 3시 방향으로 회전시킨다.

- 잔을 기울여 주고, 스팀밀크로 중앙모으기를 한다.
- 잔의 크기, 형태, 스팀밀크 폼의 두께에 따라 달라지지만 안정화는 1/2 정도까지만 한다.

2~5 잔의 중앙 부분에서 밀어 넣기를 한다.

- 밀어 넣기의 형태가 아래쪽으로 많이 내려가지 않도록 하고, 마무리는 하지 않는다.

6~8 잔을 돌리고 잔의 중앙 부분에서 2와 같은 방식으로 밀어 넣기를 한다.

- 잔이 채워지는 형태를 보면서 원하는 스타일로 밀어 넣기를 한다.

9~10 스팀피처를 적당한 높이로 들어 줄기를 가늘게 유지하면서 전진하여 형태를 완성한다.

핵심 4 process

잔의 중앙 부분에서 밀어 넣기

형태가 아래쪽으로 많이 내려가지 않도록 하고, 마무리하지 않기

잔을 돌리고 같은 방식으로 밀어 넣기

줄기를 유지하며 전진하여 형태 완성하기

라떼아트란?

최상민 바리스타 - **화가들의 화체**

나만의 스타일, 더 완벽한 디테일을 위해 오랜 시간 공을 들여야 하는 작업이다.

1
2
3
4
5
6
7
8
9
10

잔의 중앙 부분에 로제타 그리기

잔을 돌리고 잔의 중앙에서 밀어 넣기 하기

잔이 채워지는 형태 보며 스타일별 밀어 넣기

줄기를 가늘게 유지하며 전진하여 형태 완성하기

바리스타 | 최상민

월드컵 테이스터스 챔피언십 국가대표 선발전 은상(2009)
월드 바리스타 챔피언십 국가대표 선발전 5위(2010)
현재 Cafe Gre 대표
알마씨엘로 바리스타대회 심사위원
2014~15 WCCK 국가대표 선발전
KCTC 운영팀장

Cafe Gre

경기도 안산시 상록구 사동 1171-2번지, ☎ 031-418-2496

Tip '로테이션' 쉽게 따라하기

기존 잔의 파지법에서 로테이션의 기법을 익히면 잔의 윗면과 아랫면을 활용할 수 있어 표현하는 디자인이 더 다양해질 수 있다. 손가락을 돌리는 방법도 있지만 능숙하지 않으면 속도가 조금 느려질 수도 있다.

손목에 무리가 가지 않도록 힘을 빼고 로테이션을 해주고, 팔까지 돌려주어 회전하면 각도가 더 길어질 수 있다.

기본 잔의 하단 파지에서 손잡이의 위치가 9시 방향을 향한다.

손목만 돌려 손잡이를 3시 방향으로 바꾼다.

손잡이를 다시 9시 방향으로 원위치시킨다.

로테이션 하트 + 하트 쉽게 따라하기

1 잔의 중앙에서 밀어 넣기 5회(마무리는 하지 않는다).
2 로테이션을 해준다.
3 강하게 중간까지 밀어 넣기를 해준다.
4~6 5회 밀어 넣고 들어서 마무리한다.

로제타 플라워

1
2
3
4
5
6
7
8
9
10

첫 번째 로제타 조금 크게 그리기

낙차에 유의하며 작은 로제타 연속 그리기

로제타 사이의 간격 일정하게 유지하기

로제타 연속해서 그려 완성하기

바리스타 | 정경우

2010 Korea Latte Art Championship 1st
2013 World Latte Art Championship
국가대표선발전 1st
2013 World Latte Art Championship 2nd
2015 World Latte Art Championship
국가대표선발전 1st
2013 World Barista Championship
국가대표선발전 8st
2015 World Latte Art Championship 3rd

12

드래그
Drag

라테아트는 점과 선의 표현이다. 크레마의 표현 위에 밀크 폼을 부드럽게 얹고 직선으로 선명함을, 곡선으로 추상적인 표현도 해보도록 하자.

Latte Art basic

12 드래그 Drag

안정화에 대한 이해만 있다면 누구나 쉽게 할 수 있는 패턴이다. 낙차를 줄이고 유속을 조절하면서 커피 잔 속 커피 위에 그려지는 밀크 폼의 하얀 선으로 글씨를 써 보기도 하고 때로는 몽환적인 느낌의 디자인도 표현해 보도록 하자.

낙차 줄이기

스팀밀크의 줄기를 일정하게 유지

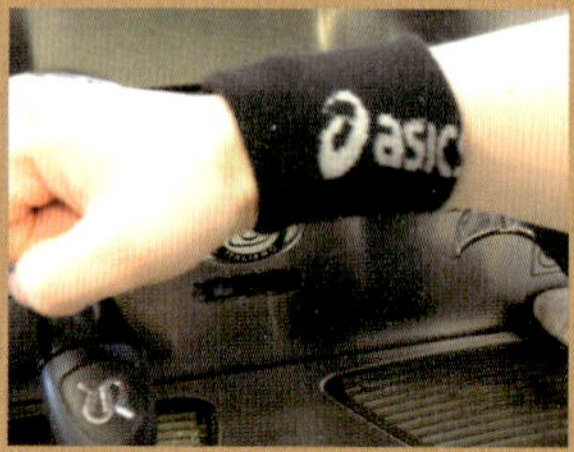

손목으로 부드럽게

충분한 안정화

직선 연습

지그재그(곡선) 연습

선녀

용

카오스

선 녀

1
2
3
4
5
6
7
8
9
10

Etching process

1~2 중앙모으기로 잔의 1/2 정도까지 잔을 채운다.

3 3시 방향에 강하게 붓는다.

4~6 1시 방향에 스팀밀크의 흐름이 보이면 로테이션을 한다.

- 시작점까지 웨이브가 형성되면 9시 쪽으로 끌기를 시작한다.
- 지그재그 형식으로 동그랗게 왼쪽 - 오른쪽 - 왼쪽 - 오른쪽으로 3회 정도 끌어준다.

7 끌기의 중앙 부분으로 들어가서 낙차를 줄여서 작은 원형의 상태를 그린다.

8~10 위쪽으로 가서 낙차를 줄여 작은 하트를 그리면서 아래쪽의 원형도 마무리한다.

- 날개옷을 걸친 선녀처럼 표현한다.

핵심 4 process

3시 방향에 강하게 붓기

1시 방향에 스팀밀크 흐름이 보이면 잔 돌리기 후 끌기

중앙에서 낙차를 줄여 작은 원형 상태 그리기

작은 하트 만들며 아래쪽 원형도 마무리하기

바리스타 | 박솔탐이나

숭실대학교 외식경영 석사
할리스커피 교육팀
셀플러스 R&D
현재 커피아저씨 교육팀
한국호텔직업전문학교 외래교수
바리스타 2급 필기 심사위원
바리스타 2급 실기 심사위원
BAOK 바리스타 챔피언십 심사위원
WCCK(국가대표선발전)-KCTC 운영위원
Vingle-Coffee Editor | Q-garder
한국외식조리전문학교 특강교수

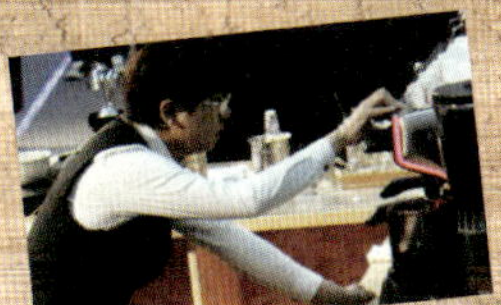

용

1
2
3
4
5
6
7
8
9
10

1 잔을 기울여 주고, 스팀밀크로 중앙모으기를 한다.
- 잔의 크기, 형태, 스팀밀크 폼의 두께에 따라 상이하지만 1/2~3/4까지 안정화시킨다.
- 손잡이를 3시에 위치시킨다.

2 유속을 주면서 웨이브의 형태를 살짝 만들어 준다.

3 로제타의 형태를 그리다가 중반부에서 끌기로 전환한다.

4 굴곡을 주면서 몸통 부분을 만들고, 머리 쪽으로 오면서 두껍게 만든다.

5~6 머리 쪽 부분의 밀크 폼에서 밖으로 나가면서 용의 뿔 부분을 표현한다.

7 에칭 기구로 밀크 폼을 찍어서 입에서 나오는 불을 그린다.

8~10 에칭 기구로 크레마를 찍어서 눈 부분을 그리고 마무리한다.

핵심 4 process

유속을 주면서 웨이브 상태 살짝 만들기

로제타 형태를 그리다가 중반부에 끌기로 전환하기

입에서 나오는 불 그리기

눈 부분 그리고 마무리하기

바리스타 | 방정호

큐 그레이더
BAOK 2/4분기 우승(2011년)
SCAE 공인 바리스타
전 Lacaffe 대표
현재 Vidastech 대표

Vidastech

Chaos

Etching process

1 손잡이를 6시에 위치시킨다.

2 잔을 기울여 주고, 스팀밀크로 중앙모으기를 한다.

- 잔의 크기, 형태, 스팀밀크 폼의 두께에 따라 상이하지만 1/2까지 안정화시킨다.

3 잔을 더 기울여 낙차를 줄이고 잔의 중앙(1/2 지점)에 스팀피처를 붙인다.

- 크레마와 스팀피처의 입구에 삼각형 형태의 줄기를 만들어 준다.

4~7 로제타를 그리고 끌기를 3회 정도 한 후 끝 부분에서 로테이션을 한다.

- 손잡이의 위치를 6시에서 3시로 돌려준다.

8~10 이어서 끌기를 2~3회 정도 해주고 중앙 부분에 하트를 그리고 마무리한다.

핵심 4 process

잔을 기울여 낙차 줄이기

로제타를 그리고 끌기를 3회 정도 한 후 로테이션하기

끌기 2~3회 하기

중앙에 하트 그리고 마무리하기

라테아트란?

주선욱 바리스타 - **마라톤**

연습과 노력을 하지 않으면 좋은 결과가 나오지 않는,
그래서 이 순간도 연습을 한다.

i n d e x

찾아보기

감 수

커피아저씨 김재근

경희대학교 대학원 관광경영학과 석사학위를 받았으며, 백석예술대학교와 한국커피전문가협회 등에서 커피 교육과 연구 활동을 활발히 하고 있다. 커피는 단순히 마시는 음료가 아니라 문화를 배울 수 있는 도구이기 때문에 마시지 않더라도 얼마든지 즐길 수 있다는 신념을 가지고 커피문화를 선도하고 있으며, 행주산성과 목동에서 커피아저씨 카페를 운영하고 있다.

지 은 이

커피중대장 정연호

직업군인시절 작전과 근무를 위해 마시던 커피가 이제는 남은 인생을 즐기는 목표가 되었다. 2003년 육군 대위로 군대를 전역하면서 계획했던 요리 분야에서 자격증 취득과 더불어 다양한 경험과 독학으로 공부를 시작하면서 커피로의 발걸음을 결정하게 되었다.
2007년 꿈을 함께 하고자 했던 동생과 신촌에 '나무아래' 카페를 창업하면서 본격적으로 커피 업계에 뛰어들었다.
핸드드립 · 라테아트 · 쇼콜라티에 교육을 시작으로 로스팅 교육, 다수의 재단법인 · 사회복지기관의 바리스타 전문지도자, 바리스타학과 교수, 심사위원, 바리스타 트레이너, 아카데미 강사, 평생교육원 강의, 자문위원, 컨설팅 등 다양한 분야에서 활동하고 있다. 2012년 현재 커피를 사랑하는 사람들의 놀이터에서 바리스타 정연호라는 이름보다는 커피중대장이라는 호칭으로 알려져 활동하면서 더 많은 사람들과의 커피놀이 문화를 위한 준비를 하고 있다.

LATTE ART bagic
라테아트 베이직

2014년 12월 30일 초판 발행 | 2015년 9월 4일 2쇄 발행

지은이 정연호 | **펴낸이** 류제동 | **펴낸곳** **교문사**

편집부장 모은영 | **책임진행** 강선혜 | **디자인** 황옥성 | **제작** 김선형 | **홍보** 김미선
영업 이진석·정용섭·진경민 | **출력·인쇄** 삼신문화사 | **제본** 한진제본

주소 (10881)경기도 파주시 문발로 116 | **전화** 031-955-6111 | **팩스** 031-955-0955
홈페이지 www.kyomunsa.co.kr | **E-mail** webmaster@kyomunsa.co.kr
등록 1960. 10. 28. 제406-2006-000035호
ISBN 978-89-363-1299-2(93590) | 값 22,000원

* 잘못된 책은 바꿔 드립니다.